ZONGTI GUOJIA ANQUANGUAN SHIZHOUNIAN

# 总体国家安全观十周年

## ——媒体呈现与传播概览

《总体国家安全观十周年》编写组

人民出版社

# 前　言

2014 年 4 月 15 日，习近平总书记在中央国家安全委员会第一次会议上，创造性提出总体国家安全观。十年来，在以习近平同志为核心的党中央坚强领导下，在总体国家安全观的科学指引下，国家安全得到全面加强，国家安全工作取得历史性成就、发生历史性变革。

为贯彻落实党的二十大关于全面加强国家安全教育的部署要求，在第九个全民国家安全教育日到来之际，中央有关部门组织力量就十年来总体国家安全观相关公开报道进行梳理和汇编，形成《总体国家安全观十周年——媒体呈现与传播概览》一书。

本书以习近平总书记提出的总体国家安全观为统领，以主流媒体关于总体国家安全工作的新闻报道为素材，通过梳理总体国家安全观发展过程中的关键节点、重要事件等演进脉络，以及全面加强国家安全形成的标志性成果等，集中反映总体国家安全观的真理力量和实践伟力。本书兼顾理论性、实用性、可读性，配插了部分图片、图示和视频二维码链接，对于了解和掌握总体国家安全观的丰富和发展历程，具有较好的辅助作用。

《总体国家安全观十周年》编写组

2024 年 4 月

# 目　录
## contents

## ★ 教育篇 ★

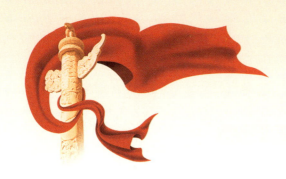

# ★ 总论篇 ★

　　总体国家安全观，是我们党历史上第一个被确立为国家安全工作指导思想的重大战略思想，是习近平新时代中国特色社会主义思想的重要组成部分，是当代中国对世界的重要思想理论贡献。十年来，总体国家安全观引领推动中国特色国家安全理论和实践实现历史性飞跃，自身也在不断丰富和发展。

# 总体国家安全观的创造性提出

2014 年 4 月 15 日，习近平总书记在中央国家安全委员会第一次会议上首次提出总体国家安全观，为新时代国家安全工作提供了强大思想武器。

（1）2013 年 11 月 9 日至 12 日，党的十八届三中全会在北京举行。全会决定，成立中央国家安全委员会。

 新闻报道

### 中共十八届三中全会在京举行

中国共产党第十八届中央委员会第三次全体会议，于 2013 年 11 月 9 日至 12 日在北京举行。

全会提出，设立国家安全委员会，完善国家安全体制和国家安全战略，确保国家安全。

（摘自 2013 年 11 月 13 日《人民日报》）

◎ 2024 年 1 月 1 日，北京天安门广场举行 2024 年首次升旗仪式，吸引数万名游客观众热情观看。（人民视觉）

（2）2014 年 1 月 24 日，中央政治局召开会议决定，中央国家安全委员会由习近平任主席。2014 年 4 月 15 日，习近平总书记主持召开中央国家安全委员会第一次会议，提出总体国家安全观。

### 新闻报道

中共中央政治局召开会议

**研究决定中央国家安全委员会设置**

中共中央政治局 1 月 24 日召开会议，研究决定中央国家安全委员会设置。

会议决定，中央国家安全委员会由习近平任主席。中央国家安全委员会作为中共中央关于国家安全工作的决策和议事协调机构，向中央政治局、中央政治局常务委员会负责，统筹协调涉及国家安全的重大事项和重要工作。

（摘自 2014 年 1 月 25 日《人民日报》）

◎ 2024 年 2 月 8 日，新疆出入境边防检查总站昌吉边境管理支队库甫边境派出所民警在边境辖区一线开展巡逻踏查。（人民图片）

## 习近平主持召开中央国家安全委员会第一次会议强调
### 坚持总体国家安全观　走中国特色国家安全道路

中共中央总书记、国家主席、中央军委主席、中央国家安全委员会主席习近平 4 月 15 日上午主持召开中央国家安全委员会第一次会议并发表重要讲话。他强调，要准确把握国家安全形势变化新特点新趋势，坚持总体国家安全观，走出一条中国特色国家安全道路。

（摘自 2014 年 4 月 16 日《人民日报》）

# 总体国家安全观的丰富和发展

（3）2015 年 1 月 23 日，中央政治局召开会议，审议通过《国家安全战略纲要》。2015 年 7 月 1 日，十二届全国人大常委会第十五次会议通过《中华人民共和国国家安全法》。

## 新闻报道

中共中央政治局召开会议

### 审议通过《国家安全战略纲要》

中共中央政治局 1 月 23 日召开会议，审议通过《国家安全战略纲要》。中共中央总书记习近平主持会议。

会议认为，制定和实施《国家安全战略纲要》，是有效维护国家安全的迫切需要，是完善中国特色社会主义制度、推进国家治理体系和治理能力现代化的必然要求。

（摘自 2015 年 1 月 24 日《人民日报》）

十二届全国人大常委会第十五次会议闭幕
## 会议表决通过国家安全法

十二届全国人大常委会第十五次会议 1 日上午在北京人民大会堂闭幕。会议表决通过了国家安全法，国家主席习近平签署第 29 号主席令予以公布。

（摘自 2015 年 7 月 2 日《人民日报》）

◎ 2023 年 4 月 11 日，安徽省含山县司法局和姚庙中心学校开展国家安全教育宣传活动，司法工作者向学生普及国家安全法等相关法律法规知识，增强学生国家安全意识。（人民视觉）

（4）2016 年 12 月 9 日，中央政治局召开会议，审议通过《关于加强国家安全工作的意见》。

 新闻报道

中共中央政治局召开会议
## 审议《关于加强国家安全工作的意见》

中共中央政治局 12 月 9 日召开会议，审议通过《关于加强国家

安全工作的意见》。

会议认为，国家安全是国家生存发展的前提、人民幸福安康的基础、中国特色社会主义事业的重要保障。要准确把握我国国家安全所处的历史方位和面临的形势任务，认清加强国家安全工作的极端重要性，强化责任担当，加强国家安全能力建设，切实做好国家安全各项工作，切实维护国家主权、安全、发展利益，不断开创国家安全工作新局面。

（摘自 2016 年 12 月 10 日《人民日报》）

（5）2017 年 2 月 17 日，习近平总书记主持召开国家安全工作座谈会。2017 年 10 月 18 日至 24 日，党的十九大在北京举行，将坚持总体国家安全观纳入新时代坚持和发展中国特色社会主义基本方略。

📰 **新闻报道**

## 党的十九大报告《决胜全面建成小康社会夺取新时代中国特色社会主义伟大胜利》指出：

坚持总体国家安全观。统筹发展和安全，增强忧患意识，做到居安思危，是我们党治国理政的一个重大原则。必须坚持国家利益至上，以人民安全为宗旨，以政治安全为根本，统筹外部安全和内部安全、国土安全和国民安全、传统安全和非传统安全、自身安全和共同安全，完善国家安全制度体系，加强国家安全能力建设，坚决维护国家主权、安全、发展利益。

有效维护国家安全。国家安全是安邦定国的重要基石，维护国家安全是全国各族人民根本利益所在。要完善国家安全战略和国家安全政策，坚决维护国家政治安全，统筹推进各项安全工作。健全国家安全体系，加强国家安全法治保障，提高防范和抵御安全风险能力。严密防范和坚决打击各种渗透颠覆破坏活动、暴力恐怖活动、民族分裂活动、宗教极端活动。加强国家安全教育，增强全党全国人民国家安全意识，推动全社会形成维护国家安全的强大合力。

（摘自 2017 年 10 月 28 日《人民日报》）

◎ 2023 年 4 月 14 日，河北省邯郸市峰峰矿区公安分局民警向居民讲解国家安全相关知识。（人民图片）

 延伸阅读

**中国共产党第十九次全国代表大会在京开幕**

（6）**2018 年 4 月 17 日，习近平总书记主持召开十九届中央国家安全委员会第一次会议。**

📰 **新闻报道**

习近平在十九届中央国家安全委员会第一次会议上强调
**全面贯彻落实总体国家安全观**
**开创新时代国家安全工作新局面**

中共中央总书记、国家主席、中央军委主席、中央国家安全委员会主席习近平 4 月 17 日下午主持召开十九届中央国家安全委员会第一次会议并发表重要讲话。习近平强调，要加强党对国家安全工作的集中统一领导，正确把握当前国家安全形势，全面贯彻落实总体国家安全观，努力开创新时代国家安全工作新局面，为实现"两个一百年"奋斗目标、实现中华民族伟大复兴的中国梦提供牢靠安全保障。

会议审议通过了《党委（党组）国家安全责任制规定》，明确了各级党委（党组）维护国家安全的主体责任，要求各级党委（党组）加强对履行国家安全职责的督促检查，确保党中央关于国家安全工作的决策部署落到实处。

（摘自 2018 年 4 月 17 日新华社稿）

（7）2019 年 10 月 28 日至 31 日，党的十九届四中全会在北京举行，将国家安全体系纳入国家治理体系。

📑 **新闻报道**

## 中共十九届四中全会在京举行

中国共产党第十九届中央委员会第四次全体会议，于 2019 年 10 月 28 日至 31 日在北京举行。

全会审议通过了《中共中央关于坚持和完善中国特色社会主义制度、推进国家治理体系和治理能力现代化若干重大问题的决定》。全会提出，社会治理是国家治理的重要方面。必须加强和创新社会治

◎ 2024 年早春时节，南京南动车运用所对运行动车组做好远程监控，及时对动车组列车进行检查、测试、维修和养护等作业，全力保障动车组开行安全顺畅，让旅客出行安全、温馨、舒适。（人民图片）

理，完善国家安全体系。

（摘自 2019 年 11 月 1 日《人民日报》）

（8）2020 年 10 月 26 日至 29 日，党的十九届五中全会在北京举行，首次把统筹发展和安全纳入"十四五"时期我国经济社会发展的指导思想。2020 年 12 月 11 日，十九届中央政治局就切实做好国家安全工作举行第二十六次集体学习。

**新闻报道**

## 中共十九届五中全会在京举行

中国共产党第十九届中央委员会第五次全体会议，于 2020 年 10 月 26 日至 29 日在北京举行。

全会提出了"十四五"时期经济社会发展指导思想和必须遵循的原则，强调要统筹发展和安全，加快建设现代化经济体系，加快构建以国内大循环为主体、国内国际双循环相互促进的新发展格局，推进国家治理体系和治理能力现代化。

（摘自 2020 年 10 月 29 日新华社稿）

习近平在中央政治局第二十六次集体学习时强调

## 坚持系统思维构建大安全格局
## 为建设社会主义现代化国家提供坚强保障

中共中央政治局 12 月 11 日下午就切实做好国家安全工作举行第二十六次集体学习。中共中央总书记习近平在主持学习时强调，国家安全工作是党治国理政一项十分重要的工作，也是保障国泰民安一项十分重要的工作。做好新时代国家安全工作，要坚持总体国家安全观，抓住和用好我国发展的重要战略机遇期，把国家安全贯穿到党和国家工作各方面全过程，同经济社会发展一起谋划、一起部署，坚持系统思维，构建大安全格局，促进国际安全和世界和平，为建设社会主义现代化国家提供坚强保障。

中国现代国际关系研究院院长袁鹏就这个问题进行讲解，提出了工作建议。中央政治局的同志认真听取了他的讲解，并进行了讨论。

习近平在主持学习时发表了讲话。他指出，党的十九届五中全会《建议》首次把统筹发展和安全纳入"十四五"时期我国经济社会发展的指导思想，并列专章作出战略部署，突出了国家安全在党和国家工作大局中的重要地位。这是由我国发展所处的历史方位、国家安全所面临的形势任务决定的。

习近平强调，我们党诞生于国家内忧外患、民族危难之时，对国家安全的重要性有着刻骨铭心的认识。新中国成立以来，党中央对发展和安全高度重视，始终把维护国家安全工作紧紧抓在手上。党的十八大以来，党中央加强对国家安全工作的集中统一领导，把坚持总体国家安全观纳入坚持和发展中国特色社会主义基本方略，从全局和战略高度对国家安全作出一系列重大决策部署，强化国家安全工作顶层设计，完善各重要领域国家安全政策，健全国家安全法律法规，有效应对了一系列重大风险挑战，保持了我国国家安全大局稳定。

习近平就贯彻总体国家安全观提出 10 点要求。一是坚持党对国家安全工作的绝对领导，坚持党中央对国家安全工作的集中统一领导，加强统筹协调，把党的领导贯穿到国家安全工作各方面全过程，推动各级党委（党组）把国家安全责任制落到实处。二是坚持中国特色国家安全道路，贯彻总体国家安全观，坚持政治安全、人民安全、国家利益至上有机统一，以人民安全为宗旨，以政治安全为根本，以经济安全为基础，捍卫国家主权和领土完整，防范化解重大安全风险，为实现中华民族伟大复兴提供坚强安全保障。三是坚持以人民安全为宗旨，国家安全一切为了人民、一切依靠人民，充分发挥广大人民群众积极性、主动性、创造性，切实维护广大人民群众安全权益，始终把人民作为国家安全的基础性力量，汇聚起维护国家安全的强大力量。四是坚持统筹发展和安全，坚持发展和安全并重，实现高质量发展和高水平安全的良性互动，既通过发展提升国家安全实力，又深入推进国家安全思路、体制、手段创新，营造有利于经济社会发展的安全环境，在发展中更多考虑安全因素，努力实现发展和安全的动态平衡，全面提高国家安全工作能力和水平。五是坚持把政治安全放在首要位置，维护政权安全和制度安全，更加积极主动做好各方面工作。六是坚持统筹推进各领域安全，统筹应对传统安全和非传统安全，发挥国家安全工作协调机制作用，用好国家安全政策工具箱。七是坚持把防范化解国家安全风险摆在突出位置，提高风险预见、预判能力，力争把可能带来重大风险的隐患发现和处置于萌芽状态。八是坚持推进国际共同安全，高举合作、创新、法治、共赢的旗帜，推动树立共同、综合、合作、可持续的全球安全观，加强国际安全合作，完善全球安全治理体系，共同构建普遍安全的人类命运共同体。九是坚持推进国家安全体系和能力现代化，坚持以改革创新为动力，加强法治思维，构建系统完备、科学规范、运行有效的国家安全制度体系，提高运用科学技术维护国家安全的能力，不断增强塑造国家安全态势的能力。十是坚持加强国家安全干部队伍建设，加强国家安全战线党的建设，坚持以政治建设为统领，打造坚不可摧的国家安全干部队伍。

（2020 年 12 月 12 日新华社稿）

◎ 近年来，安徽省芜湖市严格落实河长制工作，确保长江防洪安全、生态安全和航行安全。（人民图片）

（9）2021年11月8日至11日，党的十九届六中全会通过《中共中央关于党的百年奋斗重大成就和历史经验的决议》，对党的百年奋斗重大成就和历史经验进行系统总结，就党领导国家安全取得的显著成效予以专门阐述。2021年11月18日，中央政治局召开会议，审议通过《国家安全战略（2021—2025年）》。

 **新闻报道**

### 《中共中央关于党的百年奋斗重大成就和历史经验的决议》指出：

在维护国家安全上。改革开放以后，党高度重视正确处理改革发展稳定关系，把维护国家安全和社会安定作为党和国家的一项基础性工作来抓，为改革开放和社会主义现代化建设营造了良好安全环境。进入新时代，我国面临更为严峻的国家安全形势，外部压力前所未有，传统安全威胁和非传统安全威胁相互交织，"黑天鹅"、"灰犀牛"事件时有发生。同形势任务要求相比，我国维护国家安全能力不足，应对各种重大风险能力不强，维护国家安全的统筹协调机制不健全。党中央强调，国泰民安是人民群众最基本、最普遍的愿望。必须坚持底线思维、居安思危、未雨绸缪，坚持国家利益至上，以人民安全为宗旨，以政治安全为根本，以经济安全为基础，以军事、科技、文化、社会安全为保障，以促进国际安全为依托，统筹发展和安全，统筹开放和安全，统筹传统安全和非传统安全，统筹自身安全和共同安全，统筹维护国家安全和塑造国家安全。

习近平同志强调保证国家安全是头等大事，提出总体国家安全观，涵盖政治、军事、国土、经济、文化、社会、科技、网络、生态、资源、核、海外利益、太空、深海、极地、生物等诸多领域，要求全党增强斗争精神、提高斗争本领，落实防范化解各种风险的领导责任和工作责任。党中央深刻认识到，面对来自外部的各种围堵、打压、捣乱、颠覆活动，必须发扬不信邪、不怕鬼的精神，同企图颠覆中国共产党领导和我国社会主义制度、企图迟滞甚至阻断中华民族伟大复兴进程的一切势力斗争到底，一味退让只能换来得寸进尺的霸凌，委曲求全只能招致更为屈辱的境况。

党着力推进国家安全体系和能力建设，设立中央国家安全委员会，完善集中统一、高效权威的国家安全领导体制，完善国家安全法治体系、战略体系和政策体系，建立国家安全工作协调机制和应急管理机制。党把安全发展贯穿国家发展各领域全过程，注重防范化解影响我国现代化进程的重大风险，坚定维护国家政权安全、制度安全、意识形态安全，加强国家安全宣传教育和全民国防教育，巩固国家安全人民防线，推进兴边富民、稳边固边，严密防范和严厉打击敌对势力渗透、破坏、颠覆、分裂活动，

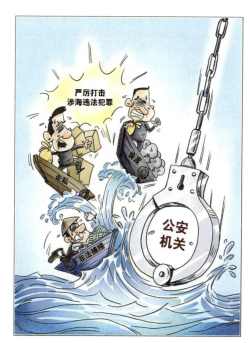

**严厉打击**　　　　　　　新华社发　王鹏 作

◎ 公安部治安管理局聚焦防范化解涉海重大安全风险，指导沿海各地公安机关治安（海防）部门切实加强出海船舶治安管理，不断夯实沿海治安防线。

顶住和反击外部极端打压遏制，开展涉港、涉台、涉疆、涉藏、涉海等斗争，加快建设海洋强国，有效维护国家安全。

党的十八大以来，国家安全得到全面加强，经受住了来自政治、经济、意识形态、自然界等方面的风险挑战考验，为党和国家兴旺发达、长治久安提供了有力保证。

（摘自 2021 年 11 月 17 日《人民日报》）

## 中共中央政治局召开会议
## 审议《国家安全战略（二〇二一——二〇二五年）》

中共中央政治局 11 月 18 日召开会议，审议《国家安全战略（2021—2025 年）》。

会议指出，新形势下维护国家安全，必须牢固树立总体国家安全观，加快构建新安全格局。必须坚持党的绝对领导，完善集中统一、高效权威的国家安全工作领导体制，实现政治安全、人民安全、国家利益至上相统一；坚持捍卫国家主权和领土完整，维护边疆、边境、周边安定有序；坚持安全发展，推动高质量发展和高水平安全动态平衡；坚持总体战，统筹传统安全和非传统安全；坚持走和平发展道路，促进自身安全和共同安全相协调。

（摘自 2021 年 11 月 19 日《人民日报》）

📖 延伸阅读

### 中共十九届六中全会在京举行

（10）2022 年 4 月 26 日，中央财经委员会第十一次会议在北京召开，强调牢固树立底线思维，加强重大风险的预测预警能力。2022 年 10 月 16 日至 22 日，党的二十大在北京举行，提出统筹维护和塑造国家安全，以新安全格局保障新发展格局，将统筹发展和安全写入党章。

📰 新闻报道

### 中央财经委员会第十一次会议

中共中央总书记、国家主席、中央军委主席、中央财经委员会主任习近平 4 月 26 日主持召开中央财经委员会第十一次会议。

会议强调，要统筹发展和安全两件大事，牢固树立底线思维，切实加强重大风险预测预警能力，有切实管用的应对预案及具体可操作的举措。

（摘自 2022 年 4 月 26 日新华社稿）

## 党的二十大报告《高举中国特色社会主义伟大旗帜 为全面建设社会主义现代化国家而团结奋斗》指出：

国家安全是民族复兴的根基，社会稳定是国家强盛的前提。必须坚定不移贯彻总体国家安全观，把维护国家安全贯穿党和国家工作各方面全过程，确保国家安全和社会稳定。

我们要坚持以人民安全为宗旨、以政治安全为根本、以经济安全为基础、以军事科技文化社会安全为保障、以促进国际安全为依托，统筹外部安全和内部安全、国土安全和国民安全、传统安全和非传统安全、自身安全和共同安全，统筹维护和塑造国家安全，夯实国家安全和社会稳定基层基础，完善参与全球安全治理机制，建设更高水平的平安中国，以新安全格局保障新发展格局。

（一）健全国家安全体系。坚持党中央对国家安全工作的集中统一领导，完善高效权威的国家安全领导体制。强化国家安全工作协调机制，完善国家安全法治体系、战略体系、政策体系、风险监测预警体系、国家应急管理体系，完善重点领域安全保障体系和重要专项协调指挥体系，强化经济、重大基础设施、金融、网络、数据、生物、资源、核、太空、海洋等安全保障体系建设。健全反制裁、反干涉、反"长臂管辖"机制。完善国家安全力量布局，构建全域联动、立体高效的国家安全防护体系。

（二）增强维护国家安全能力。坚定维护国家政权安全、制度安全、意识形态安全，加强重点领域安全能力建设，确保粮食、能源资源、重要产业链供应链安全，加强海外安全保障能力建设，维护我国公民、法人在海外合法权益，维护海洋权益，坚定捍卫国家主权、安全、发展利益。提高防范化解重大风险能力，严密防范系统性安全风险，严厉打击敌对势力渗透、破坏、颠覆、分裂活动。全面加强国家安全教育，提高各级领导干部统筹发展和安全能力，增强全民国家安全意识和素养，筑牢国家安全人民防线。

（三）提高公共安全治理水平。坚持安全第一、预防为主，建立大安全大应急框架，完善公共安全体系，推动公共安全治理模式向事前预防转型。推进安全生产风险专项整治，加强重点行业、重点领域安全监管。提高防灾减灾救灾和重大突发公共事件处置保障能力，加强国家区域应急力量建设。强化食品药品安全监管，健全生物安全监管预警防控体系。加强个人信息保护。

（摘自 2022 年 10 月 26 日《人民日报》）

📖 **延伸阅读**

**中国共产党第二十次全国代表大会在京开幕**

应急救护知识宣讲

普及急救知识　　　　　　　　　　　　　新华社发 徐骏 作

◎"普及急救知识"漫画。近年来，我国持续推进应急救护培训，越来越多的人掌握了基础的应急救护技能。

（11）2023 年 5 月 30 日，习近平总书记主持召开二十届中央国家安全委员会第一次会议。2023 年 12 月 11 日至 12 日，中央经济工作会议在北京举行，提出必须坚持高质量发展和高水平安全良性互动。

### 新闻报道

**习近平主持召开二十届中央国家安全委员会第一次会议**

中共中央总书记、国家主席、中央军委主席、中央国家安全委员会主席习近平 5 月 30 日下午主持召开二十届中央国家安全委员会第一次会议。

会议强调，要加快推进国家安全体系和能力现代化，突出实战实用鲜明导向，更加注重协同高效、法治思维、科技赋能、基层基础，推动各方面建设有机衔接、联动集成。要以新安全格局保障新发展格局，主动塑造于我有利的外部安全环境，更好维护开放安全，推动发展和安全深度融合。

（摘自 2023 年 5 月 31 日《人民日报》）

## 2023 年中央经济工作会议在北京举行

中央经济工作会议 12 月 11 日至 12 日在北京举行。中共中央总书记、国家主席、中央军委主席习近平出席会议并发表重要讲话。

会议认为，必须坚持高质量发展和高水平安全良性互动，以高质量发展促进高水平安全，以高水平安全保障高质量发展，发展和安全要动态平衡、相得益彰。

（摘自 2023 年 12 月 12 日新华社稿）

◎ 近年来，福建省龙岩市长汀县大力实施交通强村建设，改善村民出行条件，安全便捷的交通运输网络蔚然成形。（人民图片）

# 国家安全工作重要会议

## 中央国家安全委员会第一次会议

　　党的十八届三中全会对加强国家安全作出顶层设计，决定成立中央国家安全委员会，完善国家安全体制和国家安全战略。2014 年 1 月，中央政治局召开会议，研究决定中央国家安全委员会设置，中央国家安全委员会由习近平任主席。2014 年 4 月 15 日，习近平总书记在中央国家安全委员会第一次会议上提出总体国家安全观。

◎ 2023 年 4 月 7 日，川渝"总体国家安全观"号主题高铁首发现场，重庆北站志愿者向乘客发放材料。（人民日报发）

习近平主持召开中央国家安全委员会第一次会议强调

## 坚持总体国家安全观　走中国特色国家安全道路

中共中央总书记、国家主席、中央军委主席、中央国家安全委员会主席习近平 4 月 15 日上午主持召开中央国家安全委员会第一次会议并发表重要讲话。他强调，要准确把握国家安全形势变化新特点新趋势，坚持总体国家安全观，走出一条中国特色国家安全道路。

习近平在讲话中指出，增强忧患意识，做到居安思危，是我们治党治国必须始终坚持的一个重大原则。我们党要巩固执政地位，要团结带领人民坚持和发展中国特色社会主义，保证国家安全是头等大事。

习近平强调，党的十八届三中全会决定成立国家安全委员会，是推进国家治理体系和治理能力现代化、实现国家长治久安的迫切要求，是全面建成小康社会、实现中华民族伟大复兴中国梦的重要保障，目的就是更好适应我国国家安全面临的新形势新任务，建立集中统一、高效权威的国家安全体制，加强对国家安全工作的领导。

习近平指出，当前我国国家安全内涵和外延比历史上任何时候都要丰富，时空领域比历史上任何时候都要宽广，内外因素比历史上任何时候都要复杂，必须坚持总体国家安全观，以人民安全为宗旨，以政治安全为根本，以经济安全为基础，以军事、文化、社会安全为保障，以促进国际安全为依托，走出一条中国特色国家安全道路。贯彻落实总体国家安全观，必须既重视外部安全，又重视内部安全，对内求发展、求变革、求稳定、建设平安中国，对外求和平、求合作、求共赢、建设和谐世界；既重视国土安全，又重视国民安全，坚持以民为本、以人为本，坚持国家安全一切为了人民、一切依靠人民，真正夯实国家安全的群众基础；既重视传统安全，又重视非传统安全，构建集政治安全、国土安全、军事安全、经济安全、文化安全、社会安全、科技安全、信息安全、生态安全、资源安全、核安全等于一体的国家安全体系；既重视发展问题，又重视安全问题，发展是安全的基础，安全是发展的条件，富国才能强兵，强兵才能卫国；既重视自身安全，又重视共同安全，打造命运共同体，推动各方朝着互利互惠、共同安全的目标相向而行。

习近平指出，中央国家安全委员会要遵循集中统一、科学谋划、统分结合、协调行动、精干高效的原则，聚焦重点，抓纲带目，紧紧围绕国家安全工作的统一部署狠抓落实。

（摘自 2014 年 4 月 16 日《人民日报》）

 知识链接

## 中央国家安全委员会

中共中央政治局 2014 年 1 月 24 日召开会议，研究决定中央国家安全委员会设置。

会议决定，中央国家安全委员会由习近平任主席。中央国家安全委员会作为中共中央关于国家安全工作的决策议事协调机构，向中央政治局、中央政治局常务委员会负责，统筹协调涉及国家安全的重大事项和重要工作。

中央国家安全委员会遵循集中统一、科学谋划、统分结合、协调

行动、精干高效的原则，聚焦重点，抓纲带目，紧紧围绕国家安全工作的统一部署狠抓落实。

**5 对关系：**

既重视外部安全，又重视内部安全；

既重视国土安全，又重视国民安全；

既重视传统安全，又重视非传统安全；

既重视发展问题，又重视安全问题；

既重视自身安全，又重视共同安全。

**20 个重点领域：**

政治安全、国土安全、军事安全、经济安全、金融安全、文化安全、社会安全、科技安全、网络安全、粮食安全、生态安全、资源安全、核安全、海外利益安全、生物安全、太空安全、极地安全、深海安全、人工智能安全、数据安全。

◎ 2024 年 1 月 22 日，在山东省东营市，胜利油田科学部署钻机加快民丰新区块勘探开发步伐，扛牢保障能源安全核心职责。（人民图片）

**相关报道**

## 总体国家安全观的内涵

2015年4月20日提请十二届全国人大常委会第十四次会议进行二次审议的国家安全法草案，明确了总体国家安全观的内涵。

国家安全工作应当坚持总体国家安全观，以人民安全为宗旨，以政治安全为根本，以经济安全为基础，以军事、文化、社会安全为保障，以促进国际安全为依托，维护各领域国家安全，构建国家安全体系，走中国特色国家安全道路。

（摘自2015年4月21日《人民日报》）

**视频新闻**

### 习近平主持召开中央国家安全委员会第一次会议

# 十九届中央国家安全委员会第一次会议

 **新闻报道**

习近平在十九届中央国家安全委员会第一次会议上强调
## 全面贯彻落实总体国家安全观
## 开创新时代国家安全工作新局面

中共中央总书记、国家主席、中央军委主席、中央国家安全委员会主席习近平4月17日下午主持召开十九届中央国家安全委员会第一次会议并发表重要讲话。习近平强调，要加强党对国家安全工作的集中统一领导，正确把握当前国家安全形势，全面贯彻落实总体国家安全观，努力开创新时代国家安全工作新局面，为实现"两个一百年"奋斗目标、实现中华民族伟大复兴的中国梦提供牢靠安全保障。

习近平在讲话中强调，中央国家安全委员会成立4年来，坚持党的全面领导，按照总体国家安全观的要求，初步构建了国家安全体系主体框架，形成了国家安全理论体系，完善了国家安全战略体系，建立了国家安全工作协调机制，解决了许多长期想解决而没有解决的难题，办成了许多过去想办而没有办成的大事，国家安全工作得到全面加强，牢牢掌握了维护国家安全的全局性主动。

习近平指出，前进的道路不可能一帆风顺，越是前景光明，越是要增强忧患意识，做到居安思危，全面认识和有力应对一些重大风险挑战。要聚焦重点，抓纲带目，着力防范各类风险挑战内外联动、累积叠加，不断提高国家安全能力。

习近平强调，全面贯彻落实总体国家安全观，必须坚持统筹发展和安全两件大事，既要善于运用发展成果夯实国家安全的实力基础，又要善于塑造有利于经济社会发展的安全环境；坚持人民安全、政治安全、国家利益至上的有机统一，人民安全是国家安全的宗旨，政治安全是国家安全的根本，国家利益至上是国家安全的准则，实现人民安居乐业、党的长期执政、国家长治久安；坚持立足于防，又有效处置风险；坚持维护和塑造国家安全，塑造是更高层次更具前瞻性的维护，要发挥负责任大国作用，同世界各国一道，推动构建人类命运共同体；坚持科学统筹，始终把国家安全置于中国特色社会主义事业全局中来把握，充分调动各方面积极性，形成维护国家安全合力。

习近平指出，国家安全工作要适应新时代新要求，一手抓当前、一手谋长远，切实做好维护政治安全、健全国家安全制度体系、完善国家安全战略和政策、强化国家安全能力建设、防控重大风险、加强法治保障、增强国家安全意识等方面工作。

习近平强调，要坚持党对国家安全工作的绝对领导，实施更为有力的统领和协调。中央国家安全委员会要发挥好统筹国家安全事务的作用，抓好国家安全方针政策贯彻落实，完善国家安全工作机制，着力在提高把握全局、谋划发展的战略能力上下功夫，不断增强驾驭风险、迎接挑战的本领。要加强国家安全系统党的建设，坚持以政治建设为统领，教育引导国家安全部门和各级干部增强"四个意识"、坚定"四个自信"，坚决维护党中央权威和集中统一领导，建设一支忠诚可靠的国家安全队伍。

会议审议通过了《党委（党组）国家安全责任制规定》，明确了各级党委（党组）维护国家安全的主体责任，要求各级党委（党组）加强对履行国家安全职责的督促检查，确保党中央关于国家安全工作的决策部署落到实处。

（摘自 2018 年 4 月 17 日新华社稿）

◎ 2024 年 3 月 8 日，浙江省温玉铁路，杭绍台线温岭至玉环铁路龙溪镇龙攻门段施工现场，中铁十四局工人正在跨越公路悬挂梁上和山体安全设施建设，有序推进项目进度。（人民图片）

### 相关报道

## 统筹好发展和安全两件大事

发展和安全互为条件，彼此支撑。一方面，安全是发展的前提。只有国家安全、社会稳定，经济社会才能持续健康发展。没有国家安全和社会稳定，一切都无从谈起。另一方面，发展是安全的保障。只有推动经济社会持续健康发展，才能筑牢国家繁荣富强、人民幸福安康、社会和谐稳定的物质基础。忽视安全的发展是存在隐患、不可持续的；忽视发展的安全是基础薄弱、不能长久的。前进道路上，我们既要以安全促发展，又要以发展保安全。

回顾党的百年奋斗历程，我们党领导人民跨过一道又一道沟坎、战胜一个又一个挑战，创造了举世瞩目的经济快速发展奇迹和社会长期稳定奇迹，这得益于我们党始终坚持发展和安全相统一，增强机遇意识和风险意识，树立底线思维，注重集中精力办好自己的事情。

统筹好发展和安全两件大事，要做到两手抓、两手都要硬，实现高质量发展和高水平安全的良性互动。

（摘自 2021 年 4 月 15 日《人民日报》）

大绿化观要做好"小块文章"

◎ 城市建设要以自然为美，把好山好水好风光融入城市。大力开展生态修复，让城市再现绿水青山。

口袋公园　　　　　　　　　　　　　新华社发　朱慧卿　作

## 全面落实党委（党组）国家安全责任制

2018 年 4 月 17 日，十九届中央国家安全委员会第一次会议审议通过《党委（党组）国家安全责任制规定》，明确了各级党委（党组）维护国家安全的主体责任，为加强党对国家安全工作领导，推动形成

"全国一盘棋"的强大合力提供了坚实有力的制度保障。

几年来，各级党委（党组）认真落实国家安全责任制，强化各级党委（党组）维护国家安全的主体责任、党委（党组）书记第一责任人的责任，切实承担起"促一方发展、保一方平安"的政治责任，将国家安全工作摆上重要议事日程，着力把防范化解重大风险工作做实做细做好，为在更高水平筑牢国家安全屏障奠定了坚实基础。

*（摘自 2022 年第 10 期《求是》）*

 视频新闻

**十九届中央政治局第二十六次集体学习**

# 二十届中央国家安全委员会第一次会议

**新闻报道**

习近平主持召开二十届中央国家安全委员会第一次会议强调
### 加快推进国家安全体系和能力现代化
### 以新安全格局保障新发展格局

中共中央总书记、国家主席、中央军委主席、中央国家安全委员会主席习近平 5 月 30 日下午主持召开二十届中央国家安全委员会第一次会议。习近平在会上发表重要讲话强调，要全面贯彻党的二十大精神，深刻认识国家安全面临的复杂严峻形势，正确把握重大国家安全问题，加快推进国家安全体系和能力现代化，以新安全格局保障新发展格局，努力开创国家安全工作新局面。

会议指出，中央国家安全委员会坚持发扬斗争精神，坚持并不断发展总体国家安全观，推动国家安全领导体制和法治体系、战略体系、政策体系不断完善，实现国家安全工作协调机制有效运转、地方党委国家安全系统全国基本覆盖，坚决捍卫了国家主权、安全、发展利益，国家安全得到全面加强。

会议强调，当前我们所面临的国家安全问题的复杂程度、艰巨程度明显加大。国家安全战线要树立战略自信、坚定必胜信心，充分看到自身优势和有利条件。要坚持底线思维和极限思维，准备经受风高浪急甚至惊涛骇浪的重大考验。要加快推进国家安全体系和能力现代化，突出实战实用鲜明导向，更加注重协同高效、法治思维、科技赋能、基层基础，推动各方面建设有机衔接、联动集成。

会议指出，要以新安全格局保障新发展格局，主动塑造于我有利的外部安全环境，更好维护开放安全，推动发展和安全深度融合。要推进维护和塑造国家安全手段方式变革，创新理论引领，完善力量布局，推进科技赋能。要完善应对国家安全风险综合体，实时监测、及时预警，打好组合拳。

会议强调，国家安全工作要贯彻落实党的二十大决策部署，切实做好维护政治安全、提升网络数据人工智能安全治理水平、加快建设国家安全风险监测预警体系、推进国家安全法治建设、加强国家安全教育等方面工作。

会议审议通过了《加快建设国家安全风险监测预警体系的意见》、

◎ 2023 年 10 月 1 日，长江航运公安局镇江分局泰州派出所民警在泰州海军舰艇文化园执勤，保障节日期间游客安全。（新华社发）

《关于全面加强国家安全教育的意见》等文件。

（摘自 2023 年 5 月 31 日《人民日报》）

相关报道

## 以新安全格局保障新发展格局

加快构建新发展格局，是以习近平同志为核心的党中央立足实现第二个百年奋斗目标、统筹发展和安全作出的战略决策，是为了在各种可以预见和难以预见的狂风暴雨、惊涛骇浪中增强我国的生存力、竞争力、发展力、持续力。必须深刻认识到，我国发展进入战略机遇和风险挑战并存、不确定难预料因素增多的时期，各种"黑天鹅""灰犀牛"事件随时可能发生。只有更好统筹发展和安全，坚持发展和安全并重，在发展中更多考虑安全因素，下好先手棋、打好主动仗，有效防范化解各类风险挑战，守住新发展格局的安全底线，实现高质量发展和高水平安全的良性互动，才能始终把我国发展进步的

守护好"地球之肾"        *新华社发 朱慧卿 作*

命运牢牢掌握在自己手中。

（摘自 2023 年 4 月 15 日《人民日报》）

 **延伸阅读**

### 以新安全格局保障新发展格局

### 为推进中国式现代化提供坚强安全保障

# 国家安全工作重要部署

## 国家安全工作座谈会

习近平主持召开国家安全工作座谈会强调
**牢固树立认真贯彻总体国家安全观**
**开创新形势下国家安全工作新局面**

中共中央总书记、国家主席、中央军委主席、中央国家安全委员会主席习近平 2 月 17 日上午在京主持召开国家安全工作座谈会并发表重要讲话，强调要准确把握国家安全形势，牢固树立和认真贯彻总体国家安全观，以人民安全为宗旨，走中国特色国家安全道路，努力开创国家安全工作新局面，为中华民族伟大复兴中国梦提供坚实安全保障。

在认真听取大家发言后，习近平发表了重要讲话。他强调，党的十八大以来，党中央高度重视国家安全工作，成立中央国家安全委员会，提出总体国家安全观，明确国家安全战略方针和总体部署，推动国家安全工作取得显著成效。

习近平指出，国家安全涵盖领域十分广泛，在党和国家工作全局中的重要性日益凸显。我们正在推进具有许多新的历史特点的伟大斗争、党的建设新的伟大工程、中国特色社会主义伟大事业，时刻面对各种风险考验和重大挑战。这既对国家安全工作提出了新课题，也为做好国家安全工作提供了新机遇。国家安全工作归根结底是保障人民利益，要坚持国家安全一切为了人民、一切依靠人民，为群众安居乐业提供坚强保障。

习近平强调，认清国家安全形势，维护国家安全，要立足国际秩序大变局来把握规律，立足防范风险的大前提来统筹，立足我国发展重要战略机遇期大背景来谋划。世界多极化、经济全球化、国际关系民主化的大方向没有改变，要引导国际社会共同塑造更加公正合理的国际新秩序。要切实加强国家安全工作，为维护重要战略机遇期提供保障。不论国际形势如何变幻，我们要保持战略定力、战略自信、战略耐心，坚持以全球思维谋篇布局，坚持统筹发展和安全，坚持底线思维，坚持原则性和策略性相统一，把维护国家安全的战略主动权牢牢掌握在自己手中。

习近平对当前和今后一个时期国家安全工作提出明确要求，强调要突出抓好政治安全、经济安全、国土安全、社会安全、网络安全等各方面安全工作。要完善立体化社会治安防控体系，提高社会治理整体水平，注意从源头上排查化解矛盾纠纷。要加强交通运输、消防、危险化学品等重点领域安全生产治理，遏制重特大事故的发生。要筑牢网络安全防线，提高网络安全保障水平，强化关键信息基础设施防护，加大核心技术研发力度和市场化引导，加强网络安全预警监测，确保大数据安全，实现全天候全方位感知和有效防护。要积极塑造外部安全环境，加强安全领域合作，引导国际社会共同维护国际安全。要加大对维护国家安全所需的物质、技术、装备、人才、法律、机制等保障方面的能力建设，更好适应国家安全工作需要。

习近平强调，坚持党对国家安全工作的领导，是做好国家安全工作的根本原则。各地区要建立健全党委统一领导的国家安全工作责任制，强化维护国家安全责任，守土有责、守土尽责。要关心和爱护国家安全干部队伍，为他们提供便利条件和政策保障。

（摘自 2017 年 2 月 18 日《人民日报》）

◎ 2024 年 3 月 19 日，在山东省东营市胜利油田桩 139 海油陆采平台，员工们正进行修井作业，提升油井产油能力。（人民图片）

🔗 知识链接

### 认识国家安全的"三个立足"

习近平总书记在国家安全工作座谈会上强调，认清国家安全形势，维护国家安全，要立足国际秩序大变局来把握规律，立足防范风险的大前提来统筹，立足我国发展重要战略机遇期大背景来谋划。

◎ 2024 年 3 月 20 日，中国第 22 批赴黎巴嫩维和多功能工兵分队开展防卫演练中，抓捕组依托地形进行处置。(人民图片)

相关报道

### 为中国梦提供坚实安全保障

在国家安全工作座谈会上，习近平总书记从党和国家工作全局的高度深刻分析国家安全形势，对当前和今后一个时期国家安全工作进行研究部署，为我们开创新形势下国家安全工作新局面提供了基本遵循。

认清国家安全形势，维护国家安全，要立足国际秩序大变局来把握规律，立足防范风险的大前提来统筹，立足我国发展重要战略机遇期大背景来谋划。世界多极化、经济全球化、国际关系民主化的大方向没有改变，我们既要成为现行国际体系的建设者，又要增强规则制定能力、议程设置能力、舆论宣传能力、统筹协调能力，引导国际社会共同塑造更加公正合理的国际新秩序。不论国际形势如何变幻，我们要保持战略定力、战略自信、战略耐心，坚持以全球思维谋篇布局，坚持统筹发展和安全，坚持底线思维，坚持原则性和策略性相统一，把维护国家安全的战略主动权牢牢掌握在自己手中。

（摘自 2017 年 2 月 18 日《人民日报》）

## 治安防控织牢平安"立体网"

党的十八大以来，各地各部门着力构建党政主导、社会共治的社会治理体制，以人民群众对平安的需求为导向，不断完善立体化社会治安防控体系，不断提高平安建设水平，全国严重暴力犯罪案件持续下降，人民群众安全感稳步提升。

"互联网＋"改变了人们的生活方式，也给防控公共安全风险提供了新途径、新手段。不少地方创造性地运用现代科技最新成果破解公共安全难题，充分依托大数据、云计算中心等新科技手段，从大数据中发现问题、寻找规律，有效提升了维护公共安全的智能化水平。

山东省济南市曾经发生一起抢劫案件。济南警方将勘查获取的各类信息录入大数据警务云平台，在海量信息中关联比对、寻找线索，仅用数分钟时间就确定了犯罪嫌疑人的真实身份。

和山东省一样，全国多数省份都已经建立了警务云平台，海量的信息数据真正成为实现预防预警、精确防控的源头活水。

（摘自 2016 年 8 月 17 日《人民日报》）

◎ 位于辽宁省本溪市的观音阁水库总库容 21.68 亿立方米，2020 年被正式划定饮用水水源保护范围。（新华社发）

 **延伸阅读**

## 办好发展和安全两件大事

翻开《习近平谈治国理政》第四卷，"统筹疫情防控和经济社会发展""统筹发展和安全"等专题引人注目。

党的十八大以来，以习近平同志为核心的党中央统筹中华民族伟大复兴战略全局和世界百年未有之大变局，坚持统筹发展和安全，坚持发展和安全并重，带领全党全国各族人民攻坚克难、团结奋斗，努力实现高质量发展和高水平安全的良性互动。

安全是发展的前提，发展是安全的保障。统筹发展和安全是以习近平同志为核心的党中央立足于新发展阶段国际国内新形势新情况提出的重大战略思想，是习近平新时代中国特色社会主义思想的重要内容，具有深刻的理论逻辑、历史逻辑、现实逻辑，具有重大现实意义和深远历史意义。在全面建设社会主义现代化国家、向第二个百年奋斗目标进军的新征程上，我们要坚持统筹好发展和安全两件大事，踔厉奋发、勇毅前行，以中国式现代化推进中华民族伟大复兴，夺取中国特色社会主义新胜利。

（摘自 2022 年 9 月 18 日新华社稿）

**更好统筹发展和安全**

# ★ 领域篇 ★

　　十年来，以习近平同志为核心的党中央对涉及政治、经济、社会、文化、生态、军事、科技等诸多领域在内的国家安全主阵地与主战场，作出了一系列有针对性的决策部署和战略安排，极大巩固和夯实了民族复兴的安全根基。

空间站天和核心舱

# 重点领域安全

## 政 治 安 全

政治安全是国家安全的根本。政治安全的核心是政权安全和制度安全，最根本的就是维护中国共产党的领导和执政地位、维护中国特色社会主义制度。如果政治安全得不到保障，国家必然会陷入四分五裂、一盘散沙的局面，中华民族伟大复兴就无从谈起。

### （1）维护国家政治安全和社会大局稳定取得实效

2021 年 4 月 15 日，公安部召开新闻发布会介绍，截至 2020 年，全国刑事案件立案总量已连续 5 年下降，8 类主要刑事案件数和查处治安案件数连续 6 年下降。

在政治安全方面，公安机关依法打击防范境内外敌对势力渗透颠覆捣乱破坏活动，依法防范打击"法轮功""全能神"等邪教组织违法犯罪活动，深入开展反分裂反恐怖斗争。据介绍，我国反恐怖斗争态势持续向好，连续 4 年多未发生暴恐案事件。

（摘自 2021 年 4 月 15 日新华社稿）

### （2）意识形态安全得到加强

意识形态工作是为国家立心、为民族立魂的工作，事关党的前途命运，事关国家长治久安。党的十八大以来，意识形态领域形势发生全局性、根本性转变，全社会凝聚力和向心力大大提升。

当前，互联网已成为意识形态斗争的主阵地、主战场、最前沿，网络意识形态工作已成为意识形态工作的重中之重。在互联网这个战场上，我们能否顶得住、打得赢，直接关系国家政治安全。

 新闻报道

**赢得青年学生　铸就伟大复兴**

今天，世界多元文化和各种思想观念借着我国改革开放的大门涌进大学校园，以各种各样的方式影响着大学师生。一些教师理想信念模糊、政治信仰迷茫，在课堂上公开发表杂音与噪音，"抹黑中国""扭曲历史""美化西方"的言论喋喋不休。

除课堂之外，高校的讲座、论坛、学生社团、网络媒体等也是重要的宣传思想阵地，意识形态上的交锋时常在这些阵地上进行。

做好意识形态工作，高校党委担负第一责任。党委书记、校长既是讲政治的教育家，又是办教育的政治家，要旗帜鲜明地站在意识形

态工作第一线，敢管善管，守土尽责。只有强化政治意识，把握方向，才能肩负起高校党委的政治使命。

（摘自 2015 年 2 月 12 日《人民日报》）

◎ 2023 年 11 月 28 日，"红旗渠精神进校园巡展"活动走进位于郑州的河南农业大学。（新华社发）

## 擎信仰之炬　育时代新人

我们办中国特色社会主义教育，就是要理直气壮开好思政课。

青少年是祖国的未来、民族的希望。青少年阶段是人生的"拔节孕穗期"，最需要精心引导和栽培。办好思想政治理论课，最根本的是要全面贯彻党的教育方针，解决好培养什么人、怎样培养人、为谁培养人这个根本问题。

参天之木，必有其根；怀山之水，必有其源。

从学校思想政治理论课教师座谈会上的重要讲话，到前往清华大学、南开大学等高校考察调研时的谆谆教海，再到给江苏省淮安市新安小学少先队员、广大高校毕业生回信时的殷殷期许……习近平总书记站在培养担当民族复兴大任的时代新人的战略高度，对办好思政课、加强学校思想政治工作提出了明确要求。

（摘自 2022 年 3 月 19 日《人民日报》）

**相关报道**

## 掌握信息化条件下舆论主导权

2019 年 1 月 25 日，中共中央政治局集体学习的"课堂"从中南海搬到媒体融合发展第一线。习近平总书记在重要讲话中，指明了媒体融合发展的重大意义。

信息化为我们带来了难得的机遇，运用信息革命成果，加快构建融为一体、合而为一的全媒体传播格局，成为掌握信息化条件下舆论主导权、广泛凝聚社会共识的题中之义。

党的十八大以来，习近平总书记把握全局、审时度势，作出推动传统媒体和新兴媒体融合发展的重大战略部署。一批形态多样、手段先进、具有竞争力的新型主流媒体发展壮大，不断开创媒体融合发展的新局面。

（摘自 2024 年 1 月 28 日新华社稿）

◎ 湖北省武汉市武昌区2023年秋季开学思政课在武昌实验中学开讲。（新华社发）

 **知识链接**

## 如何认识历史虚无主义？

历史虚无主义是近年来颇为活跃的一种有害思潮。它打着"反思历史""范式转换"等旗号，以主观代替客观、以细节代替整体、以臆想代替史实、以支流代替主流，进而歪曲历史、消解革命、否定崇高。历史虚无主义拿历史做文章，目的却不是为了深化历史研究。

历史和现实都表明，一个抛弃了或者背叛了自己历史文化的民族，不仅不可能发展起来，而且很可能上演一场历史悲剧。苏共下台、苏联解体就是深受历史虚无主义危害的前车之鉴。面对花样翻新的历史虚无主义思潮，必须进行针锋相对的斗争，廓清其思想迷雾。

📷 **视频新闻**

思想的光辉　文化的力量

全国首批"大中小学思政课一体化共同体"

品牌项目启动

山东威海：一堂有"温度"的思政课

## （3）国家安全机关公布危害政治安全案件

2016年1月，国家安全机关破获一起危害国家安全案件，成功打掉一个以"中国维权紧急援助组"为名、长期接受境外资金支持、在境内培训和资助多名"代理人"、从事危害国家安全犯罪活动的非法组织。彼得·耶斯佩尔·达林（瑞典籍）等犯罪嫌疑人被依法采取刑事强制措施。

经查明，2009 年 8 月，彼得伙同他人，在香港注册成立名为"Joint Development Institute"的机构，在境内以"中国维权紧急援助组"的名义活动，未履行任何注册备案程序，资金入境和活动完全脱离正常监管。该组织长期接受某外国非政府组织等 7 家境外机构的巨额资助，在中国建立 10 余个所谓"法律援助站"，资助和培训无照"律师"、少数访民，利用他们搜集我国各类负面情况，加以歪曲、扩大甚至凭空捏造，向境外提供所谓"中国人权报告"。同时，该组织通过被培训的人员，插手社会热点问题和敏感案事件，蓄意激化一些原本并不严重的矛盾纠纷，煽动群众对抗政府。

该组织成员王某、邢某供述，彼得等人是西方反华势力安插在中国的眼线。他们搜集中国的负面信息，抹黑中国国家形象。

（摘自 2019 年 4 月 19 日《人民日报》）

◎ 2022 年 11 月，南部战区海军航空兵某部歼 –15 舰载战斗机在南海训练。（人民图片）

# 国 土 安 全

有国才能有家，没有国境的安宁，就没有万家的平安。提升维护国土安全能力，要加强边防、海防、空防建设，坚决捍卫领土主权和海洋权益，有效遏制侵害我国国土安全的各种图谋和行为，筑牢国土安全的铜墙铁壁。坚决反对一切分裂祖国的活动，全力维护国家繁荣稳定。

 **新闻报道**

## 守好祖国疆域一草一木

进入新时代，习主席始终高度重视边海防建设，站在国家安全和发展全局的高度，作出一系列重要指示和重大决策，多次强调要坚持军民合力共建边海防，多次亲临边海防一线视察，关怀勉励广大戍边民兵，领导推动军民合力共筑钢铁屏障。

"统筹边海防建设和边境沿海地区经济社会发展。"2014 年 6 月，习主席在接见第五次全国边海防工作会议代表时，为边海防建设指明了方向。

几年来，我国边海防基础设施建设成体系成规模推进，建成边海防执勤道路数万公里，监控系统数千台（套），执勤码头、直升机停机坪、瞭望塔数百座，铺设信息化传输线路近万公里，管边控边条件不断改善，边海防的铜墙铁壁更加牢不可破……

南海深处，民兵操舟驾船，在开展渔业生产的同时积极维护主权，忠诚捍卫"祖宗海"；东南沿海，民兵常态备勤，构建起应急支援体系；西南边陲，民兵常年驻守，快速反应和应急处突能力稳步提高……

一山一水，都是家园；一草一木，皆为中国。今天，在祖国4万多公里陆地边界和海岸线上，广大戍边民兵用无怨无悔的坚守和付出，为边疆安宁稳定作出突出贡献。

（摘自 2019 年 2 月 27 日新华社稿）

### 做神圣国土的守护者幸福家园的建设者

西藏隆子县玉麦乡地处喜马拉雅山脉南麓，山陡路险，交通闭塞，现有9户、32位乡民，是我国人口最少、人均面积最大的乡。上世纪很长一段时间内，玉麦乡仅有桑杰曲巴一户人家，被外界称作"三人乡"。几十年来，桑杰曲巴和他的女儿卓嘎、央宗在玉麦接力坚守，谱写了爱国守边的动人故事。在党的十九大召开之际，卓嘎、央宗姐妹给总书记写信，汇报为国守边的经历体会和家乡的发展变化，表达同乡亲们一起继续坚持放牧守边、报答党恩的决心。

（摘自 2017 年 10 月 30 日《人民日报》）

 知识链接

**陆地国界**是指划分中华人民共和国与陆地邻国接壤的领陆和内水的界限。陆地国界垂直划分中华人民共和国与陆地邻国的领空和

底土。

**界标**是指竖立在陆地国界上或者陆地国界两侧，在实地标示陆地国界走向，且其地理坐标已测定并记载于勘界条约或者联合检查条约中的标志，包括基本界标、辅助界标、导标和浮标等。

### ▣ 相关报道

### 身影如峰守国门

道路挂在半山腰，脚下是万丈深渊，喀喇昆仑的山风从耳旁呼啸而过。从长沙到库地，从繁华到荒凉，20 年如一日驻守高原，陈畅从未后悔。"祖国的每一寸土地都需要有人捍卫，我愿意做一棵卫国戍边的高原红柳。"作为新疆出入境边防检查总站喀什边境管理支队库地边境检查站政治教导员，他把边疆当成故乡，把群众视为家人，把自己"走"成辖区"活地图"。

珠澳边界，拱北口岸连续 10 年年出入境客流量超过 1 亿人次。高效率通关的背后，是珠海出入境边防检查总站技术保障队副队长欧阳轩乾多年的辛勤付出。他带领团队研发了全国出入境边防检查信息系统源代码，攻克生物识别等重大技术课题，为移民管理技术研发添砖加"码"，打造守护国门安全的防护网。

（摘自 2023 年 4 月 3 日新华社稿）

📖 **延伸阅读**

万里边疆展新颜

一生守护一座岛

📷 **视频新闻**

立国之基

瞭望南海风云，守卫祖宗之海

<h1 style="text-align:center">军 事 安 全</h1>

　　强国必须强军，军强才能国安。国防和军队建设是国家安全的坚强后盾。没有一个巩固的国防，没有一支强大的军队，和平发展就没有保障。

 **新闻报道**

习近平在出席解放军和武警部队<br>代表团全体会议时强调<br>强化使命担当　深化改革创新<br>全面提升新兴领域战略能力

　　中共中央总书记、国家主席、中央军委主席习近平3月7日下午在出席十四届全国人大二次会议解放军和武警部队代表团全体会议时强调，新兴领域战略能力是国家战略体系和能力重要组成部分，关系我国经济社会高质量发展，关系国家安全和军事斗争主动，对以中国式现代化全面推进强国建设、民族复兴伟业具有重要意义。要强化使命担当，深化改革创新，全面提升新兴领域战略能力。

　　在6位代表发言后，习近平发表重要讲话，重点围绕提升新兴领域战略能力提出要求。他指出，党的十八大以来，我们统筹推进战略性新兴产业和新型作战力量发展，取得一系列重大成果。党的二十大后，党中央从推动高质量发展全局出发，明确提出加快发展新质生产力。这为新兴领域战略能力建设提供了难得机遇。要乘势而上，把握新兴领域发展特点规律，推动新质生产力同新质战斗力高效融合、双向拉动。

习近平强调，要突出发展重点，抓好新兴领域战略能力建设有关战略和规划落实。要统筹海上军事斗争准备、海洋权益维护和海洋经济发展，提升经略海洋能力。要优化航天布局，推进我国航天体系建设。要构建网络空间防御体系，提高维护国家网络安全能力。要加强智能科技重大项目统筹实施，加大先进成果应用力度。

习近平指出，新兴领域发展从根本上说源于科技的创新和应用。要增强创新自信，坚持以我为主，从实际出发，大力推进自主创新、原始创新，打造新质生产力和新质战斗力增长极。要把握新兴领域交叉融合发展特征，加强集成创新和综合应用，推动形成多点突破、群体迸发的生动局面。

习近平强调，要把新兴领域改革作为进一步全面深化改革的一个重点突出出来，构建自主自强、开放融合、充满活力的创新生态，更好推进新兴领域战略能力建设。要健全完善需求对接、规划衔接、资源共享等方面制度机制，走好标准通用化路子，提高新兴领域发展整体效益。要以加快新质战斗力供给为牵引，深化国防科技工业体制改革，优化国防科技工业布局，健全先进技术敏捷响应、快速转化机制，构建同新兴领域发展相适应的创新链、产业链、价值链。要更新思想观念，大胆创新探索新型作战力量建设和运用模式，充分解放和发展新质战斗力。

（摘自 2024 年 3 月 8 日《人民日报》）

# 新时代的强军改革

2013 年 11 月，党的十八届三中全会召开，决定将深化国防和军队改革纳入全面深化改革的总盘子。

仅 4 个月后，又一条重磅消息引起广泛关注：习主席决策成立中央军委深化国防和军队改革领导小组，并担任组长。

2015 年 7 月，习主席先后主持召开中央军委深化国防和军队改革领导小组会议、中央军委常务会议和中央政治局常委会会议，审议通过深化国防和军队改革总体方案。

从党和国家整体布局到军队各系统相互耦合，从总体方案、重大领域方案到专项方案层层深入，从领导指挥体制、军队规模结构和力量编成到军事政策制度改革有序推进，新时代人民军队改革的目标图、路线图和施工图就此绘就，一场浴火重生、开新图强的历史性变革蓬勃展开。

2015 年 11 月 24 日，习主席出席中央军委改革工作会议，全面部署深化国防和军队改革任务。

组建新的中央军委纪律检查委员会、中央军委监察委员会，向军委机关部门和战区分别派驻纪检监察机构，构建起巡视巡察上下联动的监督格局；组建新的中央军委政法委员会，按区域设置军事法院、军事检察院；组建军委审计署，全部实行派驻审计。

组建中央军委科学技术委员会，成立中央军委军事科学研究指导委员会，构建起我国国防科技创新的全新顶层架构……

"四总部"退出历史舞台，调整组建军委机关 15 个职能部门，指挥、建设、管理、监督等路径更加清晰，决策、规划、执行、评估等职能配置更加合理，军委集中统一领导和战略谋划、战略管理职能有效强化。

"七大军区"完成历史使命，重新调整划设五大战区，健全军委、

◎ 2023 年 11 月 17 日，空军航空兵某旅飞行一大队飞行员进行陌生空域飞行训练。（新华社发）

◎ 2016 年 4 月 25 日，中国海军第 23 批护航编队舰艇进行航行补给。（新华社发）

战区联合作战指挥机构，构建起平战一体、常态运行、专司主营、精干高效的战略战役指挥体系。

军兵种领导管理体制进一步健全。武警部队由党中央、中央军委集中统一领导。预备役部队全面纳入军队领导指挥体系。

改革后，通过一系列体制设计和制度安排，把党对军队绝对领导的根本原则和制度进一步固化下来并加以完善，确保了我军最高领导权和指挥权集中于党中央、中央军委。

（摘自 2022 年 9 月 22 日新华社稿）

## 重整行装再出发

党的十八大以来，党领导开展新中国成立以来最为广泛、最为深刻的国防和军队改革，重构人民军队领导指挥体制、现代军事力量体系、军事政策制度，裁减现役员额 30 万，形成了军委管总、战区主战、军种主建新格局，人民军队实现整体性、革命性重塑。

（摘自 2022 年 5 月 30 日《人民日报》）

**相关报道**

### 陆军第 81 集团军某旅——紧贴实战　磨砺刀锋

塞北大漠铁甲滚滚、战鹰翱翔，"跨越—2022·朱日和"演习在这里打响。

红蓝双方你来我往，指挥所内仿真电子态势图上，兵力战况尽收眼底。指挥员们一边将双方作战数据上传至决策席，一边利用兵棋推演系统展开分析，计算最优作战方案。"一系列新型作战手段、新式作战要素、前沿科技应用的有机组合，让战斗力在较量比拼中越磨越高。"一名"红军"参谋长说。

有着"朱日和之狼"称号的第 81 集团军某旅，是陆军第一支专业化蓝军旅。2014 年，"跨越"系列演习在朱日和拉开战幕，该旅在与 7 支"红军"的对抗中 6 胜 1 败，战绩卓越。

演练场连接未来战场。数年间，40 多支雄师劲旅奔赴朱日和与蓝军旅过招，一支支精锐之师在这里淬火加钢，一把把胜战尖刀在实战实训中越磨越利。

（摘自 2022 年 12 月 25 日《人民日报》）

◎ 朱日和演习中，"红军"炮兵团火箭连实施火力压制。（中国军网）

## 维护军事安全　为国家长治久安提供坚强支撑

　　军事安全在整个国家安全体系中发挥至关重要的支柱和保障作用，关系到国家的生死存亡和长治久安。军事手段始终是维护国家安全的保底手段。维护新形势下的军事安全，就是要在总体国家安全观指导下，更新战略思维，综合统筹，不断提升国家安全保障能力，尤其要加快推进国防和军队现代化建设，全面提升打赢能力，坚决维护军事安全。

（摘自 2016 年 4 月 15 日《光明日报》）

# 经 济 安 全

　　经济安全是国家安全的基础，是国家安全体系和能力现代化的重要体现。确保国家经济安全，是维护国家经济利益和人民长远利益的重大任务，是推动高质量发展、建设现代化经济体系的必要保障。

新闻报道

## 坚定不移走好高质量发展之路

2012 年 12 月，党的十八大后第一次中央经济工作会议上，习近平总书记发表重要讲话强调："发展是党执政兴国的第一要务，作为执政党，我们必须切实加强党对经济工作的领导，扎扎实实做好经济工作。"

潮头掌舵，十年来党领导经济工作的体制机制不断完善，护航中国经济迎难而上、行稳致远。

从明确"五位一体"总体布局和"四个全面"战略布局，到揭示社会主要矛盾发生历史性变化，从提出不再简单以国内生产总值增长率论英雄到强调坚持稳中求进工作总基调，从创造性提出新发展理念到作出加快构建新发展格局的重大战略决策……

党的十八大以来，习近平总书记深刻总结我国经济发展的成功经验，从新的实际出发，提出一系列新理念新思想新战略，形成了习近平经济思想，指引中国经济不断迈上新台阶。

当前，世界百年未有之大变局加速演进，世界之变、时代之变、历史之变的特征更加明显，我国发展面临新的战略机遇和风险挑战。

党的二十大报告为中国经济指明前进方向，作出战略谋划——"加快构建新发展格局，着力推动高质量发展""构建高水平社会主义市场经济体制""建设现代化产业体系""全面推进乡村振兴""促进区域协调发展""推进高水平对外开放"……

（摘自 2022 年 12 月 15 日《人民日报》）

## 牢牢把握主动

面对纷繁复杂的国内外形势，习近平总书记指出："最重要的是必须集中力量办好自己的事，任凭风浪起，稳坐钓鱼台。"

受疫情和乌克兰危机影响，全球能源、粮食等大宗商品市场大幅波动，国内保供稳价压力增大。

2021年底召开的中央经济工作会议上，习近平总书记强调："对我们这样一个大国来说，保障好初级产品供给是一个重大的战略性问题。必须加强战略谋划，及早作出调整，确保供给安全。"

粮稳天下安。习近平总书记反复强调："中国人的饭碗任何时候都要牢牢端在自己手中，我们的饭碗应该主要装中国粮。"

能源安全是关系经济社会发展的全局性、战略性问题。2021年

◎ 海南昌江核电基地"华龙一号"4号机组内穹顶成功吊装。（人民视觉）

10月，习近平总书记考察胜利油田时指出，"中国作为制造业大国，要发展实体经济，能源的饭碗必须端在自己手里"。

当今世界，科技创新成为国际战略博弈的主要战场，围绕科技制高点的竞争空前激烈。实践一再证明，下好先手棋，打好主动仗。只有把核心技术掌握在自己手中，才能真正掌握竞争和发展的主动权，才能从根本上保障国家经济安全。

（摘自 2022 年 5 月 24 日新华社稿）

 知识链接

### 产业链供应链安全

**产业链**是由在生产、运营等环节具有内在技术经济关联的企业依据特定的逻辑关系和时空布局关系，为实现价值增加等经济活动而形

◎ 2024 年春节期间，浙江省宁波舟山港穿山港区集装箱码头正常运转，确保供应链、物流链高效顺畅。（人民图片）

成的网链结构。

**供应链**是从采购生产资料到制成产品，并经由销售、运输网络把产品送达终端，将供应商、制造商、分销商直到最终用户连成一个整体的产业生态体系。

**保产业链供应链安全**就是保障产业链供应链畅通运转。从纵向看，要保障生产、分配、流通、消费等各环节畅通；从横向看，要保障产业间、地区间、供给和需求间的畅通。经济运行的底线就是产业链供应链不断链，国民经济循环不停顿。

### 📷 视频新闻

**设立民营经济发展局是新的重大改革举措**

### 📖 延伸阅读

**新质生产力的内涵特征和发展重点**

# 金 融 安 全

金融是国民经济的血脉，是国家重要的核心竞争力。金融安全是国家安全的重要组成部分。维护金融安全，是关系我国经济社会发展全局的一件带有战略性、根本性的大事。防范化解金融风险，特别是防止发生系统性金融风险，是金融工作的根本性任务。

 新闻报道

## 中央金融工作会议在北京举行

中央金融工作会议 10 月 30 日至 31 日在北京举行。中共中央总书记、国家主席、中央军委主席习近平出席会议并发表重要讲话。

会议强调，当前和今后一个时期，做好金融工作必须坚持和加强党的全面领导，以习近平新时代中国特色社会主义思想为指导，全面贯彻党的二十大精神，完整、准确、全面贯彻新发展理念，深刻把握金融工作的政治性、人民性，以加快建设金融强国为目标，以推进金融高质量发展为主题，以深化金融供给侧结构性改革为主线，以金融队伍的纯洁性、专业性、战斗力为重要支撑，以全面加强监管、防范化解风险为重点，坚持稳中求进工作总基调，统筹发展和安全，牢牢守住不发生系统性金融风险的底线。

（摘自 2023 年 10 月 31 日新华社稿）

## 重点是防控金融风险

中央经济工作会议确定，按照党的十九大的要求，今后 3 年要重点抓好决胜全面建成小康社会的防范化解重大风险、精准脱贫、污染防治三大攻坚战。打好防范化解重大风险攻坚战，重点是防控金融风险，要做好重点领域风险防范和处置，坚决打击违法违规金融活动，加强薄弱环节监管制度建设。

（摘自 2017 年 12 月 21 日《人民日报》）

## 推动金融迈向高质量发展

党的十八大以来，我国统筹金融发展和安全，坚决打好防范化解重大金融风险攻坚战，防范化解金融风险取得重要成果。

金融资产脱实向虚势头得到扭转——

针对资金空转、套利等现象，开展市场乱象专项治理；全面实施资管新规……近年来，金融管理部门坚决清理脱实向虚、乱加杠杆等活动，类信贷影子银行规模较历史峰值压降约 30 万亿元。过去几年，流向实体经济资金大幅增加。

中小金融机构改革化险稳妥推进——

机构整合、股权重构、市场退出……近年来我国扎实推动中小金融机构改革化险，一些改革重组后的机构正在逐步恢复造血功能，实现稳健经营。

2022 年第四季度，中国人民银行完成对 4368 家银行业金融机构的评级。结果显示，高风险机构数量较峰值压降近一半。

社会金融秩序基本实现"由乱到治"——

严厉打击违法违规金融活动，《防范和处置非法集资条例》出台，齐抓共管、群防群治、各尽其责、通力协作的非法集资综合治理格局正在形成。我国非法集资新发案件数量、涉及金额和人数连续多年下降。深入推进 P2P 网贷专项整治工作，P2P 网贷机构全部停止运营。

金融监管体系不断健全——

2023 年 5 月 18 日，国家金融监督管理总局正式挂牌，新一轮金融监管机构改革迈出重要一步。

组建中央金融委员会、组建中央金融工作委员会、组建国家金融监督管理总局、深化地方金融监管体制改革、中国证券监督管理委员会调整为国务院直属机构……2023 年 3 月，中共中央、国务院印发《党和国家机构改革方案》，其中多项涉及金融监管领域。

（摘自 2023 年 10 月 29 日新华社稿）

 **相关报道**

## 国家金融监督管理总局正式挂牌

2023 年 5 月 18 日，国家金融监督管理总局正式挂牌。继 2018 年中国银保监会组建之后，金融监管格局又迎来重大调整。

（摘自 2023 年 5 月 18 日新华社稿）

◎ 2023 年 5 月 18 日，国家金融监督管理总局正式挂牌。（新华社发）

## 金融风险逐步收敛

近年来金融杠杆率明显下降，金融资产盲目扩张得到根本扭转。2017 年至 2020 年，银行业和保险业总资产年均增速分别为 8.3% 和 11.4%，大体只有 2009 年至 2016 年间年均增速的一半。

银行业不良资产认定和处置大步推进，2017 年至 2020 年累计处置不良贷款 8.8 万亿元，超过之前 12 年总和。影子银行得到有序拆解，规模较历史峰值压降约 20 万亿元。金融违法犯罪行为受到严厉惩治，一大批非法集资案件得到有序处置。

（摘自 2021 年 3 月 3 日《人民日报》）

◎ 2024 年 1 月 23 日，航拍上海陆家嘴金融城灯光夜景。（人民图片）

**视频新闻**

坚定不移走中国特色金融发展之路

维护金融安全　严惩洗钱犯罪

# 文 化 安 全

文化是一个国家、一个民族的灵魂。文化兴国运兴，文化强民族强。没有高度的文化自信，没有文化的繁荣兴盛，就没有中华民族伟大复兴。

国家安全法规定：国家坚持社会主义先进文化前进方向，继承和弘扬中华民族优秀传统文化，培育和践行社会主义核心价值观，防范和抵制不良文化的影响，掌握意识形态领域主导权，增强文化整体实力和竞争力。

## 📰 新闻报道

习近平在湖南考察时强调
**坚持改革创新求真务实**
**奋力谱写中国式现代化湖南篇章**

中共中央总书记、国家主席、中央军委主席习近平近日在湖南考察。

3月18日下午，习近平来到湖南第一师范学院（城南书院校区）考察。该校前身是创办于宋代的城南书院，近代以来培养了一批老一辈无产阶级革命家和名师大家。习近平参观青年毛泽东主题展览，了解学院发展沿革和用好红色资源等情况。在学院大厅，习近平同师生代表亲切交流。他说，国家要强大，必须办好教育。一师是开展爱国主义教育、传承红色基因的好地方，要把这一红色资源保护运用好。

学校要立德树人，教师要当好大先生，不仅要注重提高学生知识文化素养，更要上好思政课，教育引导学生明德知耻，树牢社会主义核心价值观，立报国强国大志向，努力成为堪当强国建设、民族复兴大任的栋梁之材。

（摘自 2024 年 3 月 22 日《人民日报》）

## 把红色资源利用好

一个个鲜活故事，一件件红色文物，一处处革命遗址……在建设长征国家文化公园过程中，永源祥杂货店等红色资源被挖掘梳理，福建长汀、江西赣州、广西全州等地通过摸清红色资源底数、讲好红色故事，引导人们在了解历史中传承红色基因。

红色资源是我们党艰辛而辉煌奋斗历程的见证，是最宝贵的精神财富。深入了解"半截皮带"的故事，更能懂得什么是信仰的力量；走近"藏山穴二十余年"的《共产党宣言》中文全译本，更能理解什么是共产党人的初心和使命；重温革命烈士的家书，更能感悟革命先辈炽热深沉的家国情怀。

守正创新方能历久弥新。从运用全息投影等多媒体技术手段再现历史场景，到开发红色旅游线路，再到推出优秀文艺作品，各地的守正创新实践，增强了红色资源的生命力、感染力。

（摘自 2022 年 8 月 14 日《人民日报》）

**知识链接**

中华文明的五个突出特性：

突出的连续性

突出的创新性

突出的统一性

突出的包容性

突出的和平性

**视频新闻**

什么是文化安全？

**延伸阅读**

"扫黄打非"营造清朗空间

# 社 会 安 全

社会稳定是国家强盛的前提。社会安全是指防范、消除、控制直接威胁社会公共秩序和人民群众生命财产安全的治安、刑事、暴力恐怖事件以及规模较大的群体性事件等，涉及打击犯罪、维护稳定、社会治理、公共服务等各个方面，与人民群众切身利益息息相关。

维护国家安全，必须做好维护社会和谐稳定工作，做好预防化解社会矛盾工作，从制度、机制、政策、工作上积极推动社会矛盾预防化解工作。

## （1）进一步提升基层应急管理能力

习近平主持召开中央全面深化
改革委员会第四次会议强调
**增强土地要素对优势地区高质量发展保障能力**
**进一步提升基层应急管理能力**

中共中央总书记、国家主席、中央军委主席、中央全面深化改革委员会主任习近平 2 月 19 日下午主持召开中央全面深化改革委员会第四次会议。

习近平在主持会议时强调，要进一步提升基层应急管理能力，推动应急管理工作力量下沉、保障下倾、关口前移，有效防范化解重大安全风险，及时有力有效处置各类灾害事故，筑牢安全底板，守牢安全底线。

会议指出，要理顺管理体制，加强党对基层应急管理工作的领导，发挥应急管理部门综合优势以及相关部门和有关方面专业优势，衔接好"防"和"救"的责任链条，健全大安全大应急框架。要完善工作机制，推动形成隐患排查、风险识别、监测预警、及时处置闭环管理，做到预防在先、发现在早、处置在小。健全保障机制，加大基础性投入，根据地区人口数量、经济规模、灾害事故特点、安全风险程度等因素，配齐配强应急救援力量。要强化对基层干部教育培训，提升社会公众风险防范意识和自救互救能力。

（摘自 2024 年 2 月 20 日《人民日报》）

## （2）维护社会大局稳定取得实效

在网络信息安全方面，围绕侵犯公民个人信息、跨境网络赌博、网络黑灰产等重点领域，公安机关组织开展"净网"专项行动，全面强化执法检查、监测预警、侦查打击、安全管理、网络保护等工作，有效治理网络犯罪生态，维护网络空间安全。2014 年至 2020 年，全国公安机关共破获网络违法犯罪 40.5 万起，抓获犯罪嫌疑人 59 万名。

在经济安全方面，公安机关依法严厉打击非法集资、金融诈骗、制贩假币、地下钱庄、危害税收征管、操纵证券期货市场等突出经济犯罪，积极防范化解各类金融风险，有力维护经济安全和市场秩序。2014 年至 2020 年，全国公安机关共破获经济犯罪案件 68.1 万起，挽回经济损失 4000 多亿元。

在道路交通安全方面，机动车保有量由 2014 年的 2.64 亿辆增长到 2020 年的 3.72 亿辆、驾驶人数由 3.02 亿人增长到 4.56 亿人。道路交通事故总量稳中有降，重特大事故由 2014 年的 13 起降至 2020 年的 3 起。

（摘自 2021 年 4 月 16 日《人民日报》）

## （3）全国禁毒斗争形势整体向好

党的十八大以来，全国禁毒部门坚持厉行禁毒方针，打好禁毒人民战争。

毒品犯罪高发势头得到有效遏制。全国公安机关破获毒品犯罪案件已从最高峰时期 2015 年的 16 万余起降至 2022 年的 3.5 万起。2018 年 1 月至 2023 年 5 月，全国检察机关共批捕毒品犯罪 37.3 万人，同比下降 40%。2018 年至 2022 年，全国法院一审审结毒品案件数量持续下降，延续了自 2015 年以来的下降趋势。

从边境口岸，到大山深处、茫茫海域，这样惊心动魄的缉毒场景一次次上演。"百城禁毒会战""净边""清源断流"……专项行动持续推进；"拔钉追逃""集群打零""网上扫毒"……禁毒战法不断创新。2013 年至 2022 年间，全国共破获毒品犯罪案件 107 万起，抓获毒品犯罪嫌疑人 128 万名。

随着寄递行业的快速发展，利用寄递渠道实施贩运毒品等违法犯罪呈现大幅上升态势。2022 年，全国检察机关共起诉寄递毒品犯罪 3000 余人，有力遏制了寄递毒品犯罪的高发态势。今年 5 月，最高检与国家邮政局等 17 部门开展平安寄递专项行动，维护国家安全、社会稳定和公共利益。

面对全球新型毒品不断迭代更新，为下一代筑牢"防火墙"，禁毒部门坚持每年开展全民禁毒宣传月活动，23 万余所学校的 1 亿多名学生在线接受系统禁毒教育，在全社会营造自觉抵制毒品的浓厚氛围。

（摘自 2023 年 6 月 26 日新华社稿）

 延伸阅读

### 矢志不渝做党和人民的忠诚卫士

## （4）新时代"枫桥经验"

基层强则国家强，基层安则天下安。党的十八大以来，"新时代'枫桥经验'"写进党的十九届六中全会《决议》、党的二十大报告。

从"发动和依靠群众，坚持矛盾不上交，就地解决"到"小事不出村、大事不出镇、矛盾不上交"，"枫桥经验"得到不断丰富和发展，成为我国推进基层社会治理的一个"金字招牌"。

◎ 2023 年 8 月 24 日，浙江省舟山市普陀区展茅街道黄杨尖村，网格员、志愿者、公安派出所民警一起走进辖区民宿，与经营户面对面座谈。(人民视觉)

### 📰 新闻报道

## 坚持好、发展好新时代"枫桥经验"

2023 年是毛泽东同志批示学习推广"枫桥经验"60 周年。20 日下午，习近平来到"枫桥经验"发源地诸暨市枫桥镇，参观枫桥经验陈列馆，了解新时代"枫桥经验"的生动实践。习近平指出，要坚持好、发展好新时代"枫桥经验"，坚持党的群众路线，正确处理人民内部矛盾，紧紧依靠人民群众，把问题解决在基层、化解在萌芽状态。

(摘自 2023 年 9 月 26 日《人民日报》)

## 新时代"枫桥经验"

20世纪60年代，浙江省诸暨县枫桥镇干部群众在基层社会治理中创造了"在党的领导下，发动和依靠群众，坚持矛盾不上交，就地解决，实现捕人少、治安好"的"枫桥经验"。1963年毛泽东同志亲笔批示"要各地仿效，经过试点，推广去做"。

2003年11月，时任浙江省委书记习近平同志在浙江纪念毛泽东同志批示"枫桥经验"40周年大会上明确提出，要牢固树立"发展是硬道理、稳定是硬任务"的政治意识，充分珍惜"枫桥经验"，大力推广"枫桥经验"，不断创新"枫桥经验"，切实维护社会稳定。

党的十八大以来，以习近平同志为核心的党中央高度重视坚持和

◎ 2023年10月6日，浙江省绍兴市诸暨市枫桥镇王村的柿子红了，吸引众多游客前往拍照留影，红红的果实挂满枝头，成为秋日里一道亮丽风景。（人民图片）

发展"枫桥经验","新时代'枫桥经验'"写进党的十九届六中全会《决议》、党的二十大报告。"乡贤参事会"、"圆桌问计"、"侨乡枫桥"解纷工作法……各地坚持和发展新时代"枫桥经验",结合实际创造出一个又一个化解矛盾、服务群众的好形式、好方法。

 延伸阅读

### "枫桥经验"历久弥新

"小事不出村,大事不出镇,矛盾不上交。"上世纪 60 年代由浙江枫桥干部群众创造的"依靠群众就地化解矛盾"的"枫桥经验",在新时代伟大实践中丰富发展,更加强调党的领导、更加彰显法治思维、更加突出科技支撑、更加注重社会参与,焕发出旺盛生机与活力。

党的十八大以来,以习近平同志为核心的党中央坚持和发展新时代"枫桥经验"。从乡村"枫桥经验"到城镇社区"枫桥经验"、海上"枫桥经验"、网上"枫桥经验",从社会治安领域扩展到经济、政治、文化、社会、生态等多个领域,各地与时俱进,研究新情况、把握新规律,创新群众工作方法,加大依法治理力度,完善工作制度机制,不断提高新形势下群众工作能力和水平,切实解决好涉及群众切身利益的突出问题,不断推动"枫桥经验"落地生根,使社会治理成效更多、更公平地惠及全体人民,人民群众的获得感、幸福感、安全感不断提升。

(摘自 2023 年 9 月 25 日《人民日报》)

◎ 浙江省诸暨市是"枫桥经验"的发源地。当地不断深化实践，吸纳社会力量参与社会治理。图为2023年5月26日拍摄的诸暨市公安局徽商警企联络室。（新华社发）

## 小院议事厅

北京市东城区前门街道草厂社区是首都老城25片历史文化保护区之一，有大大小小460多个院子，实际居住740多户，约2500人，在这里有一个远近闻名的"小院议事厅"。它成立于2012年，经过10余年的实践，积累了民事民提、民事民议、民事民决、民事民办、民事民评的"五民"群众工作经验，成为北京社区治理的一个响亮品牌。在草厂社区，无论是燃气改造、院落提升、示范街区创建，还是开展各类主题教育、垃圾分类等，居民身边的大事小情，都能在"小院议事厅"得到解决，形成了邻约共守、邻情共知、邻事共理、邻困共帮的和谐局面。

（摘自2023年9月28日《人民日报》）

# 科 技 安 全

科技安全是支撑和保障其他领域安全的重要力量源泉，是塑造中国特色国家安全的物质技术基础。科技自立自强是国家强盛之基、安全之要。深入实施创新驱动发展战略，要把科技的命脉牢牢掌握在自己手中，在科技自立自强上取得更大进展。

## （1）按照"四个面向"实现科技自立自强

"十三五"时期，我国科技事业加快发展，创新能力大幅提升，在基础前沿、战略高技术、民生科技等领域取得一批重大科技成果。当前，我国已经开启新征程，广大科技工作者要面向世界科技前沿、面向经济主战场、面向国家重大需求、面向人民生命健康，坚定创新自信，紧抓创新机遇，勇攀科技高峰，破解发展难题，加快实现高水平科技自立自强。

（摘自 2021 年 10 月 27 日《人民日报》）

## （2）切实加强基础研究

基础研究处于从研究到应用、再到生产的科研链条起始端，地基打得牢，科技事业大厦才能建得高。

世界已经进入大科学时代，基础研究组织化程度越来越高，制度保障和政策引导对基础研究产出的影响越来越大。要处理好新型举国体制与市场机制的关系，健全同基础研究长周期相匹配的制度，长期稳定支持一批基础研究创新基地、优势团队和重点方向，打造原始创新策源地和基础研究先锋力量。

（摘自 2023 年 2 月 23 日《人民日报》）

 **知识链接**

### 科学家精神

胸怀祖国、服务人民的爱国精神

勇攀高峰、敢为人先的创新精神

追求真理、严谨治学的求实精神

淡泊名利、潜心研究的奉献精神

集智攻关、团结协作的协同精神

甘为人梯、奖掖后学的育人精神

### 《科学技术进步法》第五条规定：

国家统筹发展和安全，提高科技安全治理能力，健全预防和化解科技安全风险的制度机制，加强科学技术研究、开发与应用活动的安全管理，支持国家安全领域科技创新，增强科技创新支撑国家安全的能力和水平。

 **答记者问**

问：如何发挥好政府在关键核心技术攻关中的组织作用？

**答：**重大关键核心技术是指体现国家意志、实现国家战略目标、解决国家发展和安全重大问题的技术。在攻关方式上，要发挥我国集中力量办大事的中国特色社会主义制度优势，这是核心要义，具体组织模式要根据需要攻关解决的科学、技术和创新的问题，有针对性地作出安排，而不能简单理解为"大兵团"作战。

政府要做的工作是为大学、科研院所、企业等科技创新主体提供条件、提供环境、提出问题。关键核心技术要分层分类，政府既支持不同创新主体解决国家层面面临的"卡脖子"问题，也支持大学、科研院所、企业、地方自己设定的"卡脖子"攻关工作。

*(摘自 2023 年 1 月 2 日《人民日报》)*

 **延伸阅读**

### 为维护和塑造国家安全提供强大科技支撑

### （3）掌握关键核心技术

关键核心技术是国之重器，对推动我国经济高质量发展、保障国家安全都具有十分重要的意义。关键核心技术是要不来、买不来、讨不来的。只有把关键核心技术掌握在自己手中，才能从根本上保障国家经济安全、国防安全和其他安全，为我国发展提供有力科技支撑。

提升自主创新能力，尽快突破关键核心技术，是构建新发展格局的一个关键问题。在激烈的国际竞争面前，必须走出适合国情的创新路子，特别是要把原始创新能力提升摆在更加突出的位置。

 **新闻报道**

## 把关键核心技术掌握在自己手中

每次在地方考察调研，创新是习近平总书记最为关注的方面之一。十年来，总书记多次走进企业研发一线、深入创新要素活跃的现场，反复强调关键核心技术的重要性，并为广大企业指出了依靠自主创新、突破关键核心技术的路径和方向。"对看准的方向，要超前规划布局，加大投入力度，着力攻克一批关键核心技术，加速赶超甚至

◎ 2016 年 12 月 9 日，"墨子号"量子科学实验卫星与阿里量子隐形传态实验平台建立天地链路（合成照片）。（新华社发）

引领步伐。""抓住新一轮科技革命带来的机遇，将优势资源集聚到重点领域，力求在关键核心技术上取得突破。""创新是企业核心竞争力的源泉，很多核心技术是求不到、买不来的。"

"科技攻关要坚持问题导向，奔着最紧急、最紧迫的问题去。"在总书记的指引下，十年来，我国在关键核心技术上取得一系列重大突破。深空、深海、深地等前沿领域捷报频传，锻压机、盾构机、发电机等国之重器引领创新，5G、高铁、智能手机、新能源汽车等产业领跑全球，创新背后处处涌现企业自立自强身影。

（摘自 2022 年 8 月 20 日《人民日报》）

## "关键核心技术是要不来、买不来、讨不来的"

2015 年 2 月 15 日，习近平总书记来到中科院西安光学精密机械研究所调研。

"核心技术靠化缘是要不来的，必须靠自力更生。"仔细了解产业化的成果之后，习近平总书记勉励大家，"科技人员要树立强烈的创新责任和创新自信"。

（摘自 2021 年 7 月 8 日新华社稿）

 知识链接

## 全国科技工作者日

自 2017 年起每年 5 月 30 日为"全国科技工作者日"。

2016 年 5 月 30 日，全国科技创新大会、两院院士大会、中国科

协第九次全国代表大会在京隆重召开，习近平总书记发表重要讲话，发出向世界科技强国进军的号召。"科技三会"在全社会引起强烈反响，树立了我国科技发展史上一座新的里程碑。以此为标志设立"全国科技工作者日"，旨在鼓励广大科技工作者牢记使命责任，切实担负起支撑发展的第一资源作用，紧紧围绕党和国家的中心任务，瞄准建设世界科技强国的宏伟目标，创新报国，引领发展。

（摘自 2016 年 12 月 13 日新华社稿）

 延伸阅读

## 必须向科技创新要答案

最长的跨海大桥、最大的 5G 网络、最先进的高速铁路、最远程的量子通信……新时代十年来，我国科技创新事业发生历史性、整体

◎ 2023 年 12 月 29 日，在"逐梦寰宇问苍穹——中国载人航天工程成就展"上拍摄的空间站天和核心舱模型。（新华社发）

性、格局性重大变化，全球创新指数排名从 2012 年的第三十四位上升到 2022 年的第十一位，成功进入创新型国家行列。

（摘自 2023 年 5 月 29 日《人民日报》）

**视频新闻**

**从会种地到"慧"种地  科技支撑安全底气**

**我国将超前培育 6G 应用生态**

# 网 络 安 全

网络安全对国家很多领域都是牵一发而动全身的。网络安全和信息化是一体之两翼、驱动之双轮，要统一谋划、统一部署、统一推进、统一实施。实现网络安全，要处理好安全和发展的关系，做到协调一致、齐头并进，以安全保发展、以发展促安全。

## 新闻报道

### 习近平在全国网络安全和信息化工作会议上强调
### 敏锐抓住信息化发展历史机遇
### 自主创新推进网络强国建设

全国网络安全和信息化工作会议 2018 年 4 月 20 日至 21 日在北京召开。中共中央总书记、国家主席、中央军委主席、中央网络安全和信息化委员会主任习近平出席会议并发表重要讲话。他强调，信息化为中华民族带来了千载难逢的机遇。我们必须敏锐抓住信息化发展的历史机遇，加强网上正面宣传，维护网络安全，推动信息领域核心技术突破，发挥信息化对经济社会发展的引领作用，加强网信领域军民融合，主动参与网络空间国际治理进程，自主创新推进网络强国建设，为决胜全面建成小康社会、夺取新时代中国特色社会主义伟大胜利、实现中华民族伟大复兴的中国梦作出新的贡献。

习近平强调，没有网络安全就没有国家安全，就没有经济社会稳定运行，广大人民群众利益也难以得到保障。要树立正确的网络安全观，加强信息基础设施网络安全防护，加强网络安全信息统筹机制、手段、平台建设，加强网络安全事件应急指挥能力建设，积极发展网络安全产业，做到关口前移，防患于未然。要落实关键信息基础设施防护责任，行业、企业作为关键信息基础设施运营者承担主体防护责任，主管部门履行好监管责任。要依法严厉打击网络黑客、电信网络诈骗、侵犯公民个人隐私等违法犯罪行为，切断网络犯罪利益链条，持续形成高压态势，维护人民群众合法权益。要深入开展网络安全知识技能宣传普及，提高广大人民群众网络安全意识和防护技能。

习近平指出，核心技术是国之重器。要下定决心、保持恒心、找准重心，加速推动信息领域核心技术突破。要抓产业体系建设，在技术、产业、政策上共同发力。要遵循技术发展规律，做好体系化技术布局，优中选优、重点突破。要加强集中统一领导，完善金融、财税、国际贸易、人才、知识产权保护等制度环境，优化市场环境，更好释放各类创新主体创新活力。要培育公平的市场环境，强化知识产权保护，反对垄断和不正当竞争。要打通基础研究和技术创新衔接的绿色通道，力争以基础研究带动应用技术群体突破。

（摘自 2018 年 4 月 22 日《人民日报》）

相关报道

## 网络安全"四梁八柱"基本确立

进入新时代以来，法治思维贯穿于网信事业发展的始终，依法管网、依法办网、依法上网成为政府、企业和社会各界的共识。以《网络安全法》为核心的网络安全法律法规和政策标准体系基本形成，网

◎ 2023 年 8 月 10 日，公安部召开新闻发布会介绍，侵犯公民个人信息犯罪主要有信息获取、信息倒卖、下游犯罪等三大环节。（新华社发）

络安全"四梁八柱"基本确立。

——体制机制确立。2014 年，中央网络安全和信息化领导小组成立，集中统一领导全国互联网工作。中央网信办统筹协调，各地网信机构逐渐建立，网络安全管理工作格局逐步成熟。

——战略先行、有法可依。2016 年12 月，《国家网络空间安全战略》发布，确立了网络安全的战略目标、战略原则、战略任务；2017 年 6 月 1 日起，《网络安全法》正式施行，是我国网络安全领域首部基础性、框架性、综合性法律。

——应急响应能力提升。《国家网络安全事件应急预案》发布实施，网络安全应急响应和处置能力有效提升；发布《网络安全审查办法》，有效防范化解供应链网络安全风险；制定《云计算服务安全评估办法》，提高党政机关、关键信息基础设施运营者采购使用云计算服务的安全可控水平。

——强化网络安全统一标准。对网络安全国家标准进行统一技术归口，统一组织申报、送审和报批，国家网络安全标准体系日益健全。截至目前，已发布个人信息安全规范等国家标准 263 项，正在研究制定 79 项，39 项国家标准和技术提案被国际标准化组织吸纳。

（摘自 2020 年 9 月 13 日新华社稿）

## 让亿万网民共享互联网发展成果

近年来，我国统筹推进网络、算力、应用等基础设施建设，打通经济社会发展的信息"大动脉"：建成全球规模最大、技术领先的光纤宽带和移动通信网络，截至2023年底，我国5G基站总数达337.7万个，千兆光网具备覆盖超过5亿户家庭的能力，所有地级市全面建成光网城市，行政村通宽带率达100%；算力总规模位居世界第二；IPv6拥有地址数量居世界第二，IPv6活跃用户数达7.78亿……

近年来，伴随着核心技术的突破和信息基础设施的建设，我国大力发展数字经济，以信息化培育新动能，用新动能推动新发展。

近年来，我国数字经济产业不断壮大，数字经济规模连续数年位居世界第二，从2012年的11万亿元增长到2022年的50.2万亿元，占GDP比重由21.6%提升到41.5%。截至2023年6月，我国网络支付用户规模达9.43亿，移动支付、无现金生活在中国随处可见。截至2023年6月，我国网民规模达10.79亿，互联网普及率达

◎《未成年人网络保护条例》自2024年1月1日起施行。这是我国出台的第一部专门性的未成年人网络保护综合立法。（新华社发）

76.4%，网络购物用户规模达 8.84 亿，网上外卖用户规模达 5.35 亿，网约车用户规模达 4.72 亿……

（摘自 2024 年 2 月 27 日《人民日报》）

◎ 2023 年 9 月 10 日，网络安全博览会在福建省福州海峡国际会展中心开馆。（人民视觉）

🔗 **知 识 链 接**

## 关键信息基础设施安全保护

金融、能源、电力、通信、交通等领域的关键信息基础设施是经济社会运行的神经中枢，是网络安全的重中之重，也是可能遭到重点攻击的目标。

"物理隔离"防线可被跨网入侵，电力调配指令可被恶意篡改，金融交易信息可被窃取，这些都是重大风险隐患。不出问题则已，一出就可能导致交通中断、金融紊乱、电力瘫痪等问题，具有很大的破坏性和杀伤力。要切实做好国家关键信息基础设施安全防护。

◎ 一家参展企业代表在2022年国家网络安全宣传周网络安全博览会上介绍量子加密对讲。（新华社发）

延伸阅读

## 自主可控方得网络安全

当前，我国网信领域要求采用自主可控技术、产品、服务、系统的呼声越来越高，这里的"自主可控"强调的就是可控性。自主可控是实现网络安全的前提，是一个必要条件，但并不是充分条件。换言之，采用自主可控的技术不等于实现了网络安全，但没有采用自主可控的技术一定不安全。因此，为了实现网络安全，首先要实现自主可控。

（摘自2019年3月19日《人民日报》）

# 粮 食 安 全

习近平在湖南考察时强调

## 坚持改革创新求真务实
## 奋力谱写中国式现代化湖南篇章

中共中央总书记、国家主席、中央军委主席习近平近日在湖南考察。

习近平强调，我国有 14 亿多人口，粮食安全必须靠我们自己保证，中国人的饭碗应该主要装中国粮。要建设好高标准农田，推行适度规模经营，加强政策支持和示范引领，加大良种、良机、良法推广力度，在精耕细作上下功夫，进一步把粮食单产和品质提上去，让种粮也能够致富，进而吸引更多农户参与发展现代化大农业，真正把中国特色农业现代化之路走稳走扎实。

习近平指出，推进乡村全面振兴是新时代新征程"三农"工作的总抓手。湖南要扛起维护国家粮食安全的重任，抓住种子和耕地两个要害，加快种业、农机关键核心技术攻关。坚持大农业观、大食物观，积极发展特色农业和农产品加工业，提升农业产业化水平。

（摘自 2024 年 3 月 22 日《人民日报》）

## 粮食安全是"国之大者"

悠悠万事，吃饭为大。民以食为天。经过艰苦努力，我国以占世界 9% 的耕地、6% 的淡水资源，养育了世界近 1/5 的人口，从当年 4 亿人吃不饱到今天 14 亿多人吃得好，有力回答了"谁来养活中国"的问题。这一成绩来之不易。在粮食安全这个问题上不能有丝毫麻痹大意，要未雨绸缪，始终绷紧粮食安全这根弦。

（摘自 2022 年 3 月 7 日《人民日报》）

 **知识链接**

**大食物观：**我国幅员辽阔、陆海兼备，在耕地之外，还有 40 多亿亩林地、近 40 亿亩草地和大量的江河湖海等资源。要在保护好生态环境的前提下，合理利用各类资源，宜粮则粮、宜经则经、宜牧则牧、宜渔则渔、宜林则林，形成同市场需求相适应、同资源环境承载力相匹配的现代农业生产结构和区域布局。

从耕地资源向整个国土资源拓展，向森林要食物，大力发展木本粮油、森林食品；向草原要食物，积极推动草原畜牧业集约化发展；向江河湖海要食物，稳定水产养殖，积极发展远洋渔业；向设施农业要食物，发展现代化设施种养业，探索智慧农业、植物工厂，有效缓解我国农业自然资源约束。

## 相关报道

### "中国人的饭碗任何时候都要牢牢端在自己手上"

党的十八大以来，我国树立大农业观、大食物观，着力走质量兴农之路。

2014 年 5 月，习近平总书记来到河南省尉氏县张市镇，看麦穗灌浆，问农田建设。看到清一色的小麦长势喜人，他说："今年的馍能吃上了。"

2016 年 4 月，在安徽省滁州市凤阳县小岗村，习近平总书记沿田埂步入麦田察看小麦长势，向种粮大户和农业技术人员了解高产示范田种植管理要诀。

2018 年 9 月，在黑龙江农垦建三江管理局七星农场的北大荒精准农业农机中心，习近平总书记双手捧着一碗大米意味深长地说道："中国粮食！中国饭碗！"

2020 年 7 月，在吉林省梨树县，习近平总书记语重心长地要求，采取有效措施切实把黑土地这个"耕地中的大熊猫"保护好、利用好，使之永远造福人民。

…………

"在吃饭问题上不能得健忘症，不能好了伤疤忘了疼"。几十年来，习近平一直在思考和实践。他指出，粮食生产根本在耕地，命脉在水利，出路在科技，动力在政策，这些关键点要一个一个抓落实、抓到位，努力在高基点上实现粮食生产新突破。

*（摘自 2021 年 7 月 4 日新华社稿）*

## 全国粮食产量连续 9 年站稳 1.3 万亿斤台阶

国家统计局公布的数据显示，2023 年全国粮食总产量 13908.2 亿斤，比上年增加 177.6 亿斤，增长 1.3%，全年粮食产量再创新高，连续 9 年保持在 1.3 万亿斤以上。

（摘自 2023 年 12 月 12 日《人民日报》）

## 做到了谷物基本自给、口粮绝对安全

坚决守住 18 亿亩耕地红线，累计建成 10 亿亩高标准农田，我国粮食生产实现了十九连丰，总产量连续 8 年保持在 1.3 万亿斤以上；口粮自给率在 100% 以上，谷物自给率在 95% 以上，人均粮食占有量约 480 公斤，高于国际公认的 400 公斤粮食安全线，做到了谷物基本自给、口粮绝对安全。

（摘自 2023 年 5 月 12 日《人民日报》）

 延伸阅读

## "北大荒"变身"中华大粮仓"

六月的黑龙江垦区，放眼望去，沃野千里，郁郁葱葱。如今在这片黑土地上，70 多年前"开荒第一犁"的劳动号子，已被现代化大机械的隆隆作业声所替代；曾经人迹罕至的亘古荒原，已成为国家现代化程度最高、综合生产能力最强的商品粮基地和现代农业示范基地。

（摘自 2018 年 7 月 6 日《光明日报》）

◎ 大型农机在联合收获大
豆。（光明图片）

## 这五年，粮食安全更稳固

### 中国粮食安全有保障

### 各地加快建设高标准农田　夯实粮食安全根基

## 生 态 安 全

　　生态安全是指一个国家赖以生存和发展的生态环境处于不受或少受破坏和威胁的状态，以及应对内外重大生态问题保障这一持续状态的能力。生态安全既是经济问题，也是重大社会和政治问题。生态安全是人类生存发展的基本条件，是国家安全的重要组成部分。

新闻报道

## 综合施策　维护生态安全

外来物种入侵，一方面危及我国生态安全，另一方面也给我国粮食安全和人民生命健康带来威胁。为防控外来物种入侵，我国采取健全源头预防机制、加大科技攻关力度、加强外来物种引入管理等措施，以维护国家生态安全。

日前，农业农村部关于《外来入侵物种管理办法（征求意见稿）》公开征求意见工作完成。生态环境部 2021 年 5 月发布的《2020 中国生态环境状况公报》显示，目前我国已发现 660 多种外来入侵物种。

◎ 位于巴丹吉林沙漠南缘的甘肃省张掖市临泽县，境内沙漠、戈壁面积占三分之二以上。近年来，该县营造防风固沙林，形成了绿洲生态防护体系。（人民图片）

2021 年初，农业农村部、自然资源部、生态环境部、海关总署、国家林业和草原局联合印发《进一步加强外来物种入侵防控工作方案》，全面部署推进外来物种入侵防控。

　　针对草地贪夜蛾、红火蚁等重大危害入侵物种，农业农村部加强危害特性、蔓延规律和扩散机制研究，为精准防控提供支撑。加大绿色高效防控技术集成推广力度，将草地贪夜蛾综合防控技术等列为农业重大引领性技术和主推技术。积极探索水花生、水葫芦、豚草等外来入侵物种生物防治技术，在湖北、湖南、江苏、广西等地建成 30 个外来入侵物种天敌繁育基地。

◎ 近年来，江苏东台条子泥湿地生态环境持续向好，来此停歇、越冬的鸟类越来越多。2024 年 1 月 12 日，白琵鹭在条子泥湿地飞翔。（人民图片）

　　2021 年，全国海关截获有害生物 59.08 万种次、检疫性有害生物 6.51 万种次，首次检出致死粒线虫、铃兰短体线虫、北美齿小蠹等危险性有害生物，有效防止红火蚁、高致病性禽流感等重大动植物疫情疫病传入，退回、销毁不合格农产品 584 批。

（摘自 2022 年 4 月 12 日《人民日报》）

 **相关报道**

## 《关于划定并严守生态保护红线的若干意见》印发

近日，中办、国办印发《关于划定并严守生态保护红线的若干意见》，并要求各地区各部门结合实际认真贯彻落实。

生态保护红线是指在生态空间范围内具有特殊重要生态功能、必须强制性严格保护的区域，是保障和维护国家生态安全的底线和生命线，通常包括具有重要水源涵养、生物多样性维护、水土保持、防风固沙、海岸生态稳定等功能的生态功能重要区域，以及水土流失、土地沙化、石漠化、盐渍化等生态环境敏感脆弱区域。

党中央、国务院高度重视生态环境保护，推动生态环境保护工作取得明显进展。但是，我国生态环境总体仍比较脆弱，生态安全形势十分严峻。划定并严守生态保护红线，是贯彻落实主体功能区制度、实施生态空间用途管制的重要举措。

（摘自 2017 年 2 月 7 日新华社稿）

 **延伸阅读**

**生态安全是国家安全的重要组成部分**

筑牢长江经济带生态安全底线

📷 **视频新闻**

让保护黄河生态安全和文明旅游理念深入人心

如何阻止入侵物种蔓延　筑牢生态安全屏障？

## 资 源 安 全

资源是人类生存与发展不可或缺的基础。资源安全是国家安全的重要组成部分。

我国多数资源总量居世界前列，但资源人均量小，部分资源进口依存度高，资源浪费和资源破坏现象还较为普遍。淡水、石油、天然气、耕地等战略性资源，总量位居世界前列，人均水平却低于世界平均水平。

 **新闻报道**

## 节约资源是我国的基本国策

节约资源是我国的基本国策，是维护国家资源安全、推进生态文明建设、推动高质量发展的一项重大任务。党的十八大以来，我们部署实施全面节约战略，大幅降低能源、水、土地利用强度，大力发展循环经济，在全社会倡导厉行节约、反对浪费，推动资源节约集约高效利用，取得积极成效。

要增强全民节约意识，推行简约适度、绿色低碳的生活方式，反对奢侈浪费和过度消费，努力形成全民崇尚节约的浓厚氛围。

*（摘自 2022 年 9 月 7 日《人民日报》）*

## 消费观念和日常习惯也要节约环保

实施全面节约战略是一场广泛而深刻的变革，发展理念和生产方式要绿色低碳，消费观念和日常习惯也要节约环保。在上海，快递包装"绿色革命"提速；在广东广州，全市开展绿色商场创建活动；在湖南，到 2025 年长株潭都市圈 50% 的居民小区要具备新能源汽车充电条件……实施全面节约战略，要增强全民节约意识，倡导简约适度、绿色低碳的生活方式，反对奢侈浪费和过度消费。

（摘自 2023 年 5 月 4 日《人民日报》）

**□□≡ 相关报道**

### 我国发布 13 种矿产资源全球储量评估数据

近日，自然资源部中国地质调查局全球矿产资源战略研究中心发布《全球矿产资源储量评估报告 2023》。报告显示，全球铁、锰、铬、铝、磷、钾盐和锂资源储量丰富，而锡、铅、锌、镍、钴、铜等资源的保障程度较低，需进一步加大勘查力度和资金投入。我国这 13 种矿产的储量在全球占比差异较大，其中锡、铅、锌和锰等 4 个矿种的资源储量全球占比超过 10%，属于优势矿产；而其他 9 种矿产资源的储量全球占比较低，属于紧缺矿产。

（摘自 2023 年 7 月 10 日新华网）

### 绘就人与自然和谐共生的中国画卷

十年来，耕地保护工作取得了明显成效，实现了国务院确定的 2020 年耕地保有量 18.65 亿亩的目标，守住了耕地红线。特别是近两年来，耕地减少的势头得到初步遏制，2021 年全国耕地总量实现净增加。

持续加强基础地质调查和矿产资源勘查，主要矿产资源储量实现增长，煤炭、钨等矿产品产量多年保持全球第一；主要矿产保有资

源量普遍增长，石油、天然气新发现23个亿吨级大油田和28个千亿方级大气田，非油气矿产新形成32处资源基地。

坚持并落实最严格的生态环境保护制度，科学划定生态保护红线，陆域生态保护红线面积占陆域国土面积比例超过30%。把我国生态功能极重要、生态极敏感脆弱地区全部纳入生态保护红线。通过红线的划定，建立了国家"三区四带"生态安全屏障格局。

2015年以来，我国陆续启动了10个国家公园试点。国家公园建设成果成为这十年林草工作的最大亮点，也成为我国建设生态文明和美丽中国最亮丽的名片。

（摘自2022年9月20日《人民日报》）

 延伸报道

## 铜矿石变身记

我是一块铜矿石，来自安徽铜陵，大家都叫我"小铜"。整个铜陵市以铜为名、因铜而兴：新中国成立后，这里产生了第一炉铜水、第一块铜锭，建起了第一座机械化露天铜矿。

但是，资源在开采中不断减少。2009年，铜陵被列为全国第二批资源枯竭城市。对此，大家伙挺着急：不转变发展思路，行不通了！过去，俺被开采出来后，会留下巨大的坑区，环境受到污染。可这都是老皇历了。不信？且听俺跟大伙细细道来，那正是：转型俺有"三十六计"，发展看咱"七十二变"！

（摘自2018年12月24日《人民日报》）

### "双碳"工作取得良好开局

📷 **视频新闻**

### 严守资源安全底线 建设美丽中国

## 野生动物保护法　筑牢野生动物资源安全屏障

# 核 安 全

2014 年海牙第三届核安全峰会上，习近平主席郑重向世界阐述了理性、协调、并进的中国核安全观。

核安全观是习近平新时代中国特色社会主义思想在核安全领域的集中体现，是总体国家安全观的重要组成部分，是推进国际核安全进程的重要里程碑。

 **新闻报道**

### 书写"核"世纪的"和"历史

核能问世，常被形容为"人类第二次发现了火"，为人类未来拓展新的美好前景，也伴生种种安全风险和挑战。

大西洋东岸、欧罗巴西陆，2014 年 3 月 24 日至 25 日，近 60 位国家领导人或代表、国际组织负责人，5000 多位与会者聚首海牙世界论坛会议中心——第三届核安全峰会会场。

"我们要坚持理性、协调、并进的核安全观，把核安全进程纳入健康持续发展的轨道……"24日下午，峰会第一次全会上，习近平主席应东道主之邀首先发言。

这是中国领导人第一次全面系统阐述核安全观，为应对这一全球性挑战提供"中国方案"。

（摘自 2014 年 3 月 26 日《人民日报》）

核安全法、放射性污染防治法等　法律
民用核设施安全监督管理条例等　国务院行政法规
核电厂设计安全规定等　部门规章
核电厂设计中的质量保证等　指导性文件
核安全文化特征等　参考性文件

◎ 中国核安全法规体系。
（人民数据）

## 我国核与辐射安全总体形势稳定

当前我国核电机组总数全球第二，在建机组全球第一，核技术利用量大面广，核与辐射安全总体形势保持稳定。

我国现有 47 台运行核电机组、15 台在建核电机组，有 18 座核燃料循环设施，在用放射源约 15 万枚，射线装置近 20 万台（套）。我国运行核电机组安全状态良好，在建机组质量受控，核燃料循环设施安全运行。

最近，世界核电运营者协会公布了全球核电机组 2019 年综合指数排名，全球 411 台运行机组参评、65 台满分，我国 45 台机组参评、23 台满分，在全球处于较高水平。

（摘自 2020 年 4 月 17 日《人民日报》）

◎ 2023 年 12 月 6 日，全球首座第四代核电站——华能石岛湾高温气冷堆核电站示范工程在山东省荣成市投入商业运行。（新华社发）

## 🔗 知识链接

中国核安全观的核心内涵是"四个并重"：

——发展和安全并重，以确保安全为前提发展核能事业。

——权利和义务并重，以尊重各国权益为基础推进国际核安全进程。

——自主和协作并重，以互利共赢为途径寻求普遍核安全。

——治标和治本并重，以消除根源为目标全面推进核安全努力。

### 📖 延伸阅读

## 国内首家实体核应急支援基地挂牌

5月13日，国内首家实体核应急支援基地在烟台挂牌，其中，海阳核电厂的这支应急支援队伍，还将服务于几百公里半径内的多家核电厂的应急救援、支援。

我国是名副其实的核大国，目前共有在运核电机组23台、在建核电机组27台，在建机组规模世界第一，总装机规模位居世界第四。

核电发展过去30年经历了三个阶段，一是上世纪80年代，秦山、大亚湾核电基地3台机组建设投产；二是"九五"期间，4个项目8台机组建设投产；三是从2006年起，19台机组上马，规模大速度快。

◎ 2023年8月22日，中广核广东太平岭核电厂2号机组核岛内穹顶浇筑顺利完成。（人民视觉）

根据国际中长期能源发展规划，要达到规划目标，推算未来我国将拥有 85 台核电机组。

核能发展迅猛，覆盖区域广阔，核安全监管压力持续增大，应急风险也不断增加，站在确保核安全就是保障国家安全、确保核应急底线就是保障人民群众最根本利益的高度，必须切实强化核电集团应急支援工作。

建立核电集团公司层面的核电厂核事故场内应急救援队伍就是重要一环。

（摘自 2015 年 5 月 18 日《人民日报》）

📷 **视频新闻**

**《中国的核安全》白皮书发表**

**我国首个自行设计、建造和运营管理的**
**核电站——秦山核电站**

# 海外利益安全

随着我国全方位对外开放不断扩大，越来越多的企业、机构和人员走出国门，开展国际合作，海外利益遍布全球。国家利益发展到哪里，安全保障就要跟进到哪里。近年来，多次发生我国驻外机构和海外企业遭袭等事件，海外利益安全保障成为越来越突出的一个问题。

 新闻报道

### 坚持底线思维　着力防范化解重大风险

当前，世界大变局加速深刻演变，全球动荡源和风险点增多，我国外部环境复杂严峻。我们要统筹国内国际两个大局、发展安全两件大事，既聚焦重点、又统揽全局，有效防范各类风险连锁联动。要加强海外利益保护，确保海外重大项目和人员机构安全。要完善共建"一带一路"安全保障体系，坚决维护主权、安全、发展利益，为我国改革发展稳定营造良好外部环境。

（摘自 2019 年 1 月 21 日新华社稿）

### 也门撤侨，见证大国能力与担当

2015 年 3 月 29 日到 4 月 6 日，中国派出 3 艘军舰，从也门撤出中国公民 613 人；同时，协助来自 15 个国家的共 279 名外国公民安全撤离。

"3月30日，人数最多的一批侨民撤离，共有455名。当我看到名单时，发现全部撤离的公民都编入了床位。护卫舰上，加上舰长，官兵大约200人左右。除了舰长进行作战指挥，政委和副编队长以及其他所有官兵都把他们的床铺腾了出来。"负责现场指挥协调的驻也门使馆武官刘永选满怀自豪地说，"我想这一点也只有中国人民海军能做得到！"

（摘自2015年4月10日《人民日报》）

 知识链接

### 12308

2014年9月，外交部全球领事保护与服务应急呼叫中心24小时热线电话"12308"开通。中国公民在海外任何地方遇到困难时，只需拨打"+86-10-12308"，就可以与外交部和驻外使领馆取得联系。

2017年3月，"12308"微信版暨"领事直通车"微信公众号和"外交部12308"小程序正式上线，中国公民在国外受困又不知自己身处何方时，只要发送定位的截图照片就可以实现实时求助。

2018年9月26日，12308手机应用客户端正式启用。它设有通知公告、安全提醒、领事新闻、出行指南、应急电话等栏目，还具备通过拨打网络电话，一键呼叫"外交部12308热线"的功能。

我国公民出国前可以登录中国领事服务网和目的地中国使领馆网站，获取海外安全提醒和领事服务类信息，还可以进行"出国及海外中国公民自愿登记"，以便紧急情况下驻外使领馆尽快与自己取得联系。

 **相关报道**

## 《中华人民共和国领事保护与协助条例》公布

《中华人民共和国领事保护与协助条例》（以下简称《条例》）于 2023 年 7 月公布，自 2023 年 9 月 1 日起施行。

《条例》共 27 条，主要内容包括：明确各方面在领事保护与协助中的职责、义务；明确领事保护与协助受理方式以及履责区域；规范履行领事保护与协助职责的情形和内容；加强风险防范和安全提醒；完善各方面支持保障。

（摘自 2023 年 7 月 15 日《人民日报》）

**延伸报道**

## "感受到五星红旗的温暖与力量"

当地时间 2023 年 4 月 29 日上午 9 时许，在中国海军导弹驱逐舰南宁舰伴随护卫下，综合补给舰微山湖舰搭载约 500 名从苏丹撤离人员，缓缓靠抵沙特阿拉伯吉达港，圆满完成第二批人员转运任务。在中国驻有关国家使领馆的协助下，从北京时间 4 月 26 日至 29 日，南宁舰、微山湖舰将从苏丹港撤离的 940 名中国公民、231 名外籍人员转运至吉达港。至此，中国军队完成撤离中国在苏丹人员任务。北京时间 4 月 29 日 10 时许，首架接返自苏丹撤离中国公民临时航班抵达北京首都国际机场。

阳光照耀下，军舰上飘扬的五星红旗格外鲜艳耀眼。悬挂在军舰上的红色横幅上写着"祝同胞一路平安"，与五星红旗交相辉映。

自苏丹发生武装冲突以来，中国外交部和驻苏丹及周边国家使领馆工作人员日夜奋战，全力保护中国公民安全，周密组织撤离行动。截至目前，绝大部分中国公民已从苏丹安全撤出。中国驻苏丹大使馆将为仍留在苏丹的少量中国公民提供一切必要协助。

从支援撤离车辆到提供物资保障、从协助组织联络到配合办理相关手续，在中国使领馆组织下，包括中国港湾、中石油等在内的中国企业全力配合，为撤离工作提供支持。

（摘自 2023 年 4 月 30 日《人民日报》）

◎ 中国海军士兵护送儿童走下军舰舷梯。

## "开拓造福各国、惠及世界的'幸福路'"

📷 视频新闻

**《携手构建人类命运共同体：中国的倡议与行动》**
**白皮书发布**

## 人工智能安全

　　人工智能是人类发展新领域。当前，全球人工智能技术快速发展，带来巨大机遇的同时，也带来难以预知的各种风险和复杂挑战。人工智能安全攸关全人类命运，是世界各国面临的共同课题。

　　加快发展新一代人工智能是我们赢得全球科技竞争主动权的重要战略抓手，是推动我国科技跨越发展、产业优化升级、生产力整体跃升的重要战略资源。

📄 新闻报道

习近平在中共中央政治局第九次集体学习时强调
**加强领导做好规划明确任务夯实基础**
**推动我国新一代人工智能健康发展**

中共中央政治局 10 月 31 日下午就人工智能发展现状和趋势举行

第九次集体学习。中共中央总书记习近平在主持学习时强调，人工智能是新一轮科技革命和产业变革的重要驱动力量，加快发展新一代人工智能是事关我国能否抓住新一轮科技革命和产业变革机遇的战略问题。要深刻认识加快发展新一代人工智能的重大意义，加强领导，做好规划，明确任务，夯实基础，促进其同经济社会发展深度融合，推动我国新一代人工智能健康发展。

习近平在主持学习时发表了讲话。他强调，人工智能是引领这一轮科技革命和产业变革的战略性技术，具有溢出带动性很强的"头雁"效应。在移动互联网、大数据、超级计算、传感网、脑科学等新理论新技术的驱动下，人工智能加速发展，呈现出深度学习、跨界融合、人机协同、群智开放、自主操控等新特征，正在对经济发展、社会进步、国际政治经济格局等方面产生重大而深远的影响。加快发展新一代人工智能是我们赢得全球科技竞争主动权的重要战略抓手，是推动我国科技跨越发展、产业优化升级、生产力整体跃升的重要战略资源。

习近平指出，人工智能具有多学科综合、高度复杂的特征。我们必须加强研判，统筹谋划，协同创新，稳步推进，把增强原创能力作为重点，以关键核心技术为主攻方向，夯实新一代人工智能发展的基础。

（摘自 2018 年 11 月 1 日《人民日报》）

## 推动人工智能健康发展

随着人工智能不断取得突破，一些潜在的隐患和道德伦理问题也逐步显现出来。例如，人工智能在安全、隐私等方面存在一定风险隐患："换脸"技术有可能侵犯个人隐私，信息采集不当带来数据泄露，算法漏洞加剧认知偏见……

为此，必须加强人工智能发展的潜在风险研判和防范，制定相应规则，规范人工智能的发展，确保人工智能安全、可靠、可控。

近年来，我国陆续发布《新一代人工智能伦理规范》《关于加强科技伦理治理的意见》《全球人工智能治理倡议》等，旨在提升人工智能治理能力，有效防控人工智能发展风险。同时，我国还通过积极搭建人工智能发展各方参与的开放性平台，推动形成具有广泛共识的国际人工智能治理方案，向国际社会贡献中国智慧。

（摘自 2024 年 2 月 5 日《人民日报》）

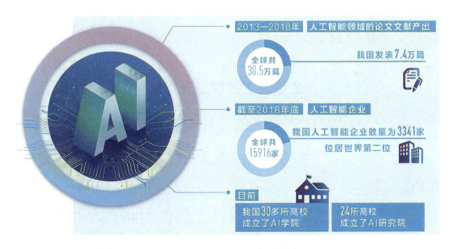

◎ 数据来源：《中国新一代人工智能发展报告 2019》。

## 《生成式人工智能服务管理暂行办法》发布

近日，国家网信办联合国家发展改革委、教育部、科技部、工业和信息化部、公安部、广电总局公布《生成式人工智能服务管理暂行办法》（以下简称《办法》），自 2023 年 8 月 15 日起施行。

《办法》第一条开宗明义将"促进生成式人工智能健康发展和规范应用"作为目标，第三条进一步阐明："国家坚持发展和安全并重、促进创新和依法治理相结合的原则，采取有效措施鼓励生成式人工智能创新发展，对生成式人工智能服务实行包容审慎和分类分级监管"。

《办法》对生成式人工智能服务提供者和使用者提出要求：应当遵守法律、行政法规，尊重社会公德和伦理道德；尊重知识产权和他人合法权益；提高生成内容准确性和可靠性；完善处置措施。

（摘自 2023 年 7 月 13 日新华社稿）

 知识链接

## 全球人工智能治理倡议

核心内容包括：

坚持以人为本、智能向善，引导人工智能朝着有利于人类文明进步的方向发展；

坚持相互尊重、平等互利，反对以意识形态划线或构建排他性集团，恶意阻挠他国人工智能发展；

主张建立人工智能风险等级测试评估体系，不断提升人工智能技术的安全性、可靠性、可控性、公平性；

支持在充分尊重各国政策和实践基础上，形成具有广泛共识的全球人工智能治理框架和标准规范，支持在联合国框架下讨论成立国际

人工智能治理机构；

加强面向发展中国家的国际合作与援助，弥合智能鸿沟和治理差距等。

**延伸阅读**

### 我国发布《治理原则》——发展负责任的人工智能

**视频新闻**

### 人工智能时代我们该如何适应？

## 数 据 安 全

我国网民规模已过 10 亿，形成了全球最为庞大、生机勃勃的数字社会。大数据时代各类数据迅猛增长、海量聚集，也带来一些新问题、新挑战。享受美好数字生活，数据"安全锁"必不可少。

**新闻报道**

习近平在中共中央政治局第二次集体学习时强调

**审时度势精心谋划超前布局力争主动**

**实施国家大数据战略加快建设数字中国**

中共中央政治局 2017 年 12 月 8 日下午就实施国家大数据战略进行第二次集体学习。中共中央总书记习近平在主持学习时强调，大数据发展日新月异，我们应该审时度势、精心谋划、超前布局、力争主动，深入了解大数据发展现状和趋势及其对经济社会发展的影响，分析我国大数据发展取得的成绩和存在的问题，推动实施国家大数据战略，加快完善数字基础设施，推进数据资源整合和开放共享，保障数据安全，加快建设数字中国，更好服务我国经济社会发展和人民生活改善。

习近平指出，大数据是信息化发展的新阶段。随着信息技术和人类生产生活交汇融合，互联网快速普及，全球数据呈现爆发增长、海量集聚的特点，对经济发展、社会治理、国家管理、人民生活都产生了重大影响。世界各国都把推进经济数字化作为实现创新发展的重要动能，在前沿技术研发、数据开放共享、隐私安全保护、人才培养等方面做了前瞻性布局。

习近平强调，要切实保障国家数据安全。要加强关键信息基础设施安全保护，强化国家关键数据资源保护能力，增强数据安全预警和溯源能力。要加强政策、监管、法律的统筹协调，加快法规制度建设。要制定数据资源确权、开放、流通、交易相关制度,完善数据产权保护制度。要加大对技术专利、数字版权、数字内容产品及个人隐私等的保护力度,维护广大人民群众利益、社会稳定、国家安全。要加强国际数据治理政策储备和治理规则研究,提出中国方案。

(摘自 2017 年 12 月 10 日《人民日报》)

 知识链接

### 全球数据安全倡议

主要内容包括:积极维护全球信息技术产品和服务的供应链的开放、安全和稳定;反对利用信息技术破坏他国关键基础设施或窃取重要数据;采取措施防范制止利用网络侵害个人信息,反对滥用信息技术从事针对他国的大规模监控;要求企业尊重当地法律,不得强制要求本国企业将境外数据存储在境内;未经他国允许不得直接向企业或个人调取境外数据;企业不得在产品和服务中设置后门。

相关报道

### 国家拟建立数据分类分级保护制度

为规范网络数据处理活动,保护个人、组织在网络空间的合法权益,维护国家安全和公共利益,国家网信办会同相关部门研究起草《网络数据安全管理条例(征求意见稿)》,并于 2021 年 11 月 14 日向

社会公开征求意见。

　　征求意见稿明确，国家建立数据分类分级保护制度。按照数据对国家安全、公共利益或者个人、组织合法权益的影响和重要程度，将数据分为一般数据、重要数据、核心数据，不同级别的数据采取不同的保护措施。国家对个人信息和重要数据进行重点保护，对核心数据实行严格保护。各地区、各部门应当按照国家数据分类分级要求，对本地区、本部门以及相关行业、领域的数据进行分类分级管理。

（摘自 2021 年 11 月 16 日《人民日报》）

◎ 贵州大学省部共建公共大数据国家重点实验室于 2021 年 10 月投用，这是我国大数据领域首个国家重点实验室，设置了公共大数据融合与集成、公共大数据安全与隐私保护、块数据与区域治理 3 个研究方向。（新华社发）

 延伸阅读

## 美方长期实施网络监控

美方长期实施大规模、无差别的网络监控，触角遍及全球。十几年前，美国国家安全局就在"无边界线人计划"等监听项目中使用名为"脏盒"的伪基站，模拟手机基站信号，暗中接入手机并盗取数据。据法国《世界报》报道，美国通过"脏盒"在法国至少窃取了6250万部手机的数据。

"棱镜门"事件曝光后，人们得知，推特、脸书、谷歌地图甚至手机游戏"愤怒的小鸟"等应用程序都是美方挖掘情报的"数据金矿"。美国《华盛顿邮报》披露，美方曾与其盟友联手发起"强健计划"，频繁侵入谷歌和雅虎的云服务器，甚至直接将数据引流到美国国家安全局的数据库，借此收集了上亿条私人信息。德国《明镜》周刊还曝光了美方对欧洲和亚洲之间最大的海底光缆的入侵……美方监控全球范围之广、窃取的数据信息数量之大令人震惊。

（摘自 2020 年 11 月 14 日《人民日报》）

### 私架气象观测设备，向外传送敏感数据

2021 年 3 月，有关部门工作中发现，我国某重要军事基地周边建有一可疑气象观测设备，具备采集精确位置信息和多类型气象数据的功能，所采集数据直接传送至境外。

调查掌握，有关气象观测设备由李某网上购买并私自架设，类

似设备已向全国多地售出 100 余套，部分被架设在我重要区域周边，有关设备所采集数据被传送到境外某气象观测组织的网站。该境外气象观测组织实际上由某国政府部门以科研之名发起成立，而该部门的一项重要任务就是搜集分析全球气象数据信息，为其军方提供服务。

有关部门开展执法，责令有关人员立即拆除设备，消除了风险隐患。

（摘自 2021 年 10 月 31 日新华社稿）

依法严惩 　　　　　　　　　　　　　　　　新华社发 朱慧卿 作

## 让数据安全托起美好数字生活

◎ 2023 年《快递电子运单》国家标准强化个人信息保护，禁止显示完整的个人信息，推荐对个人信息进行全加密处理，规范个人信息相关内容的读取权限。（新华社发）

# 新型领域安全

## 生 物 安 全

生物安全关乎人民生命健康，关乎国家长治久安，关乎中华民族永续发展，是国家总体安全的重要组成部分，也是影响乃至重塑世界格局的重要力量。

维护生物安全，要贯彻总体国家安全观，统筹发展和安全，坚持以人为本、风险预防、分类管理、协同配合，加强国家生物安全风险防控和治理体系建设，提高国家生物安全治理能力，切实筑牢国家生物安全屏障。

 新闻报道

习近平在中共中央政治局第三十三次集体学习时强调
**加强国家生物安全风险防控和治理体系建设**
**提高国家生物安全治理能力**

党的十八大以来，党中央把加强生物安全建设摆上更加突出的位

置，纳入国家安全战略，颁布施行生物安全法，出台国家生物安全政策和国家生物安全战略，健全国家生物安全工作组织领导体制机制，积极应对生物安全重大风险，加强生物资源保护利用，举全党全国全社会之力打好新冠肺炎疫情防控人民战争，我国生物安全防范意识和防护能力不断增强，维护生物安全基础不断巩固，生物安全建设取得历史性成就。

现在，传统生物安全问题和新型生物安全风险相互叠加，境外生物威胁和内部生物风险交织并存，生物安全风险呈现出许多新特点，我国生物安全风险防控和治理体系还存在短板弱项。必须科学分析我国生物安全形势，把握面临的风险挑战，明确加强生物安全建设的思路和举措。

要盯牢抓紧生物安全重点风险领域，强化底线思维和风险意识。要强化生物资源安全监管，制定完善生物资源和人类遗传资源目录。要加强入境检疫，强化潜在风险分析和违规违法行为处罚，坚决守牢国门关口。对已经传入并造成严重危害的，要摸清底数，"一种一策"精准治理，有效灭除。要加强对国内病原微生物实验室生物安全的管理，严格执行有关标准规范，严格管理实验样本、实验动物、实验活动废弃物。要加强对抗微生物药物使用和残留的管理。

（摘自 2021 年 9 月 30 日《人民日报》）

 **知识链接**

## 生 物 安 全

生物安全，是指国家有效防范和应对危险生物因子及相关因素威胁，生物技术能够稳定健康发展，人民生命健康和生态系统相对处于没有危险和不受威胁的状态，生物领域具备维护国家安全和持续发展的能力。

### 《生物安全法》第二条第二款规定：

从事下列活动，适用本法：

（一）防控重大新发突发传染病、动植物疫情；

（二）生物技术研究、开发与应用；

（三）病原微生物实验室生物安全管理；

（四）人类遗传资源与生物资源安全管理；

（五）防范外来物种入侵与保护生物多样性；

（六）应对微生物耐药；

（七）防范生物恐怖袭击与防御生物武器威胁；

（八）其他与生物安全相关的活动。

◎ 2024 年 1 月 8 日，在浙江省湖州市德清县洛舍镇东衡村百源康植物梦工厂内，工作人员正在管护无土栽培的蔬菜。（人民图片）

相关报道

## 防控生物安全风险有法可依

6 月 2 日，生态环境部发布《2019 中国生态环境状况公报》。公报显示，全国已发现 660 多种外来入侵物种。其中，71 种对自然生态系统已造成或具有潜在威胁并被列入《中国外来入侵物种名单》。67 个国家级自然保护区外来入侵物种调查结果表明，215 种外来入侵物种已入侵国家级自然保护区。

为防范和应对外来物种入侵，保护生物多样性，生物安全法规定，国务院有关部门根据职责分工，加强对外来入侵物种的调查、监测、预警、控制、评估、清除以及生态修复等工作。任何单位和个人

◎ 2023 年 8 月 24 日，在山东省青岛市城阳区流亭街道白沙河入海口湿地，一台挖掘机在清理入侵物种"互花米草"，恢复底栖生物面积，助力候鸟越冬觅食。（人民视觉）

未经批准，不得擅自引进、释放或者丢弃外来物种。

　　生物安全领域总体上属于新兴领域，涉及范围广、发展变化快，有些领域已有法律法规进行调整，有些活动还缺乏法律规范。对已有规定的，进行整合提炼完善，上升为基本制度，并做好衔接、形成合力。对暂时还没有规定的，目前能够看得准的，作出针对性规定，填补法律空白；对还需要继续探索的，作出原则性规定，为实践留有余地，也为制定修改有关法律法规预留接口。

（摘自 2020 年 11 月 5 日《人民日报》）

 延伸阅读

## 防控外来物种入侵　筑牢生物安全屏障

　　近年来，多地多部门开展专项治理行动，全链条完善对异类宠物等的监管，严格防控外来物种入侵。

◎ 2023 年 10 月 10 日，在山东省临沂市沂南县沂河流域大庄段，工作人员在打捞河道里的入侵水生植物——大薸。（人民视觉）

（摘自 2023 年 4 月 17 日《人民日报》）

## 共同推进全球生物安全治理

在 2016 年 11 月举行的《禁止生物武器公约》（以下简称《公约》）第八次审议大会上，中国提出了"制定生物科学家行为准则范本"倡议。2019 年 7 月，在《公约》专家会期间，中国举办了"加强生物安全实验室能力建设，促进生物科技合作交流"专题边会，分享中国科学家的经验。

2021 年 7 月，在中国和巴基斯坦共同倡议基础上，中国天津大学、美国约翰斯·霍普金斯大学、国际科学院组织秘书处以及来自 20 多个国家的科学家达成《科学家生物安全行为准则天津指南》，并得到国际科学院组织正式核可。

（摘自 2022 年 3 月 28 日《人民日报》）

 视频新闻

筑牢安全屏障　生物安全法施行

## 中国将构建海关生物安全监测预警平台

## 太 空 安 全

太空是国际战略竞争制高点，太空安全是国家建设和社会发展的战略保障。着眼和平利用太空，中国积极参与国际太空合作，加快发展相应的技术和力量，统筹管理天基信息资源，跟踪掌握太空态势，保卫太空资产安全，提高安全进出、开放利用太空能力。

 **新闻报道**

习近平在视察驻陕西部队某基地时强调

**聚焦备战打仗　加快创新发展**

**全面提升履行使命任务能力**

中共中央总书记、国家主席、中央军委主席习近平9月15日到驻陕西部队某基地视察调研，代表党中央和中央军委，向基地全体官兵致以诚挚的问候。

习近平充分肯定基地长期以来在我国航天事业发展中发挥的重要

作用。他强调，要适应航天发射密度加大、要求提高的实际，优化组织模式，创新测控技术和手段，确保测控精准可靠、圆满成功。要统筹实施国家太空系统运行管理，提高管理和使用效益。

习近平指出，太空资产是国家战略资产，要管好用好，更要保护好。要全面加强防护力量建设，提高容灾备份、抗毁生存、信息防护能力。要加强太空交通管理，确保太空系统稳定有序运行。要开展太空安全国际合作，提高太空危机管控和综合治理效能。

（摘自 2021 年 9 月 16 日新华社稿）

## 走进西安卫星测控中心

2016 年 8 月 16 日，"力星一号"卫星搭载"墨子号"科学试验卫星的运载火箭，在酒泉卫星发射中心成功升空。"力星一号"的轨道高度只有 100 多公里，是迄今为止运行轨道高度最低的人造地球卫星。轨道低、卫星飞行速度快，对卫星的跟踪、降轨的控制都是空前的考验。西安卫星测控中心科技人员连续工作两个月，最终在世界上首次实现了过渡流区全球飞行，开辟了新的飞行空域，突破了多项关键技术。

从"东方红一号"卫星，到"北斗""神舟""嫦娥"等，每一次航天任务，都离不开西安卫星测控中心的"太空牵引"。组建至今 50 年，西安卫星测控中心共完成 300 多次发射测控任务，长期管理在轨飞行器 100 多颗，被称为卫星"大管家"，创造了我国航天史上的多项第一。

航天事业具有高风险、高投入的特性。受空间环境干扰与设备、器件寿命等因素影响，在轨卫星故障时有发生，保护这些宝贵的国家太空资产，是西安卫星测控中心的重要使命。多年以来，每一次卫星发生故障，都是一场充满挑战的"天地大营救"。

（摘自 2017 年 8 月 21 日《人民日报》）

**知识链接**

## 中国载人月球探测任务新飞行器名称正式确定

中国空间站建造完成后，登陆月球成为中国人探索太空的下一个目标。随着载人月球探测工程登月阶段任务全面启动实施，用于载人月球探测的新飞行器命名也提上日程。

2023 年 8 月，中国载人航天工程办公室面向社会公众开展了载人月球探测任务新飞行器名称征集活动，在全社会引起广泛关注和热情参与，共收到来自航天、科技、文化传播等领域的组织机构与社会各界人士的近 2000 份投稿。经专家遴选评审，将新一代载人飞船命名为"梦舟"，将月面着陆器命名为"揽月"。

新飞行器的名称具有鲜明的中国特色、时代特色和文化特色。"梦舟"寓意载人月球探测承载中国人的航天梦，开启探索太空的新征程，也体现了与神舟、天舟飞船家族的体系传承；新一代载人飞船包括登月版和后续执行空间站任务的近地版两个型号，其中，登月版采用"梦舟 Y"（飞船名称 +"月"字音节的大写首字母）。"揽月"取自毛泽东同志诗词"可上九天揽月"，彰显中国人探索宇宙、登陆月球的豪迈与自信。此前，新一代载人运载火箭已被命名为"长征十号"。

（摘自 2024 年 2 月 24 日新华社稿）

# 空 间 碎 片

空间碎片，又称"太空垃圾"，是指在太空中废弃的人造物体，其中包括寿终正寝或中途夭折的航天器、废弃的运载火箭末级、航天发射运行过程中的抛弃物（如螺丝和垫圈）、人造物体碎裂产生的碎片等。国际上通常把空间碎片也分成 3 类：大于 10 厘米的大碎片、介于 1 至 10 厘米之间的小碎片和小于 1 厘米的微小碎片。现在，可监测到的大碎片约有 1.8 万个，小碎片有 10 万个，微小碎片则有几千万个。

太空垃圾的寿命，距地 300 公里的约为 1 年，距地 600 公里的为几十年，距地 1000—3000 公里以上的飞行上千年，距地 3000—4000 公里以上的太空垃圾将飞行上万年。

**相关报道**

## 航天任务连战连捷，重大航天工程深入推进

深空探测，轨道先行，高精度定轨不可或缺、至关重要。北京航天飞行控制中心轨道控制专家团队攻克非对称降轨、轨道平面机动、环月注入轨道等难题，实现了国际上首次从月球飞往日地 L2 点的飞行控制。2020 年 12 月 17 日，按照他们精算的轨道方案，嫦娥五号返回器携带 1731 克月壤精准返回地球。

10 年来，北京航天飞行控制中心飞控团队突破掌握 58 项飞控关键核心技术，填补 44 项国际国内空白，为我国建造空间站、完成探月工程"绕、落、回"三步走规划、跻身行星探测世界先进行列发挥

重要作用。

瞄准"建设世界一流航天发射场"的目标，新一代载人运载火箭、重型火箭、商业航天发射工位等重大工程全面开启，一座瞄准世界一流的文昌国际航天城正在崛起。随着中国航天事业由大向强，我国第一个现代化新型航天发射场——文昌航天发射场正成为中国空间站建造母港、中国行星探测母港、中国探月新母港。

10 年间，我国四大发射场功能布局持续优化，航天发射次数屡屡刷新纪录，海上发射填补我国航天海基发射能力空白，多型新一代火箭先后成功入列。

（摘自 2022 年 9 月 29 日《人民日报》）

**延伸阅读**

### 中国空间站的第一个春节

**视频新闻**

### 中国空间站第四次太空授课活动圆满成功

# 深 海 安 全

海洋覆盖地球 70% 以上的面积，是地球上最大的生态系统，对人类社会生存和发展具有重要意义。海洋的和平安宁，关乎世界各国安危和利益。

通常把水深超过 1000 米的海域定义为深海。深海蕴藏着丰富的矿产、油气、生物等资源。深海安全是指和平探索和利用国际海底区域，增强安全进出、科学考察、开发利用的能力，加强国际合作，维护我国在外层空间、国际海底区域和极地的活动、资产和其他利益的安全。

📰 **新闻报道**

## 习近平致信祝贺"奋斗者"号
### 全海深载人潜水器成功完成万米海试并胜利返航

"奋斗者"号全海深载人潜水器成功完成万米海试并于 28 日胜利返航。中共中央总书记、国家主席、中央军委主席习近平发来贺信，致以热烈的祝贺，向所有致力于深海装备研发、深渊科学研究的科研工作者致以诚挚的问候。

习近平在贺信中指出，"奋斗者"号研制及海试的成功，标志着我国具有了进入世界海洋最深处开展科学探索和研究的能力，体现了我国在海洋高技术领域的综合实力。从"蛟龙"号、"深海勇士"号到今天的"奋斗者"号，你们以严谨科学的态度和自立自强的勇气，践行"严谨求实、团结协作、拼搏奉献、勇攀高峰"的中国载人深潜精神，为科技创新树立了典范。

习近平希望所有致力于深海装备研发、深渊科学研究的科研工作者继续弘扬科学精神，勇攀深海科技高峰，为加快建设海洋强国、为实现中华民族伟大复兴的中国梦而努力奋斗，为人类认识、保护、开发海洋不断作出新的更大贡献。

（摘自 2020 年 11 月 28 日新华社稿）

## 中国载人深潜　挺进万米深海

2020 年是"十三五"规划收官之年，也是我国深潜装备研发取得丰硕成果的一年。6 月 8 日，我国研发的作业型全海深自主遥控水下机器人"海斗一号"，在马里亚纳海沟创造了潜深 10907 米的国内新纪录；7 月 16 日，我国研发的无人水下滑翔机"海燕—X"号在马里亚纳海沟创造了潜深 10619 米的世界纪录；11 月 10 日，我国研发的"奋斗者"号全海深载人潜水器又创造了 10909 米的国内载人深潜新纪录。

这些无人和载人深潜装备的研制成果，标志着我国不单能将水下机器人和探测装置，也能将海洋科学家和工程技术人员送到世界最深的海底。我国已具备进入世界海洋最深处开展科学探索和研究的能力，这充分体现我国在海洋高科技领域的综合实力。

（摘自 2021 年 3 月 2 日《人民日报》）

◎ 2020 年，佛山照明自主研发的深海探照灯应用在"奋斗者"号全海深载人潜水器上，这些深海照明设备可以抗万米海底水压，并提供 10 米至 20 米的照明范围。（新华社发）

 知识链接

## 深　渊

6500 米以下海域叫作深渊。人们之前以为深渊荒芜贫瘠，科学家研究发现，即使水下 7000 米也活跃着大量生物群落，颠覆了原有认知。

## 全海深载人潜水器

所谓"全海深"，是指在任何海域深度科考畅行无阻。要实现这一目标，必须突破 1.1 万米深潜技术，进入世界大洋最深处即马里亚纳海沟挑战者深渊。

全海深载人潜水器是我国"十三五"部署的首批国家重点研发计划项目，该潜水器建成后可在覆盖世界最大深度的海洋，完成载人下潜并进行科考作业。其中，万米级载人舱是全海深载人潜水器的核心部件，是人类进入万米深海的硬件保障和安全屏障，标志着一个国家载人潜水器的技术水平。

## 相关报道

### 两千米下深海　照样看得透

"透明海洋"工程就是通过建立海洋立体观测系统，获取海洋环境综合信息，建立预测系统，掌握海洋环境变化，实现目标海域"看得清、查得明、报得准"。"透明海洋"工程由青岛海洋科学与技术国家实验室具体实施。

马里亚纳海沟是目前世界上已知的最深海沟，位于菲律宾东北、马里亚纳群岛附近的太平洋洋底，最深处深度约为1.1万米，堪称地球第四极。作为"透明海洋"工程的重要成果之一，科学家们正是在这里，实现了首次将"人类的眼睛"放入万米深海——构建起全球第一个马里亚纳海沟海洋科学综合观测网，还成功回收了世界首套万米综合潜标，使深海状态变化不再神秘。

（摘自 2018 年 1 月 5 日《人民日报》）

探访全球首座十万吨级深水半潜式生产

储油平台"深海一号"能源站

📷 视频新闻

中国"奋斗者"号载人潜水器的

锂电池深海如何确保安全

蓝 色 粮 仓

### 深海"宝藏"发掘记

# 极 地 安 全

通常把地球表面被 66° 34' 纬度线包围的部分称为极地或极圈。北极和南极是地球的极巅，它们遥相呼应，各据一方。冰天雪地是极地的特色，寒冷干燥是那里的常态。但极地蕴藏着丰富的能源、矿产、淡水资源、生物资源和旅游资源，也是生物的基因库和自然资源的储备地，是气候环境演变的航向标，航天、航空、航海和人类生存等问题无不与极地安全密切相关。

### 📰 新闻报道

## 我国自主水下机器人，首次完成北极科考

历经 1.4 万海里、79 天的风浪考验，中国第十二次北极科学考察队圆满完成了任务。

在这次科考中，我国研发的"探索 4500"自主水下机器人成功完成北极高纬度海冰覆盖区的科学考察作业。这也是我国首次利用自

◎"探索 4500"自主水下机器人回收过程中。

主水下机器人在北极高纬度地区开展近海底科考应用，其成功下潜获取的宝贵数据资料，将为北极环境保护提供重要的科学支撑。

（摘自 2021 年 10 月 25 日《人民日报》）

## 我国第五座南极考察站秦岭站建成

2024 年 2 月 7 日，南极罗斯海恩克斯堡岛，秦岭站正式建成。习近平总书记致信表示热烈祝贺："中国南极秦岭站的建成，将为我国和全世界科学工作者持续探索自然奥秘、勇攀科学高峰提供有力保障。"

秦岭站是继长城站、中山站、昆仑站、泰山站之后，我国建设的第五座南极考察站，也是第三座常年考察站。

（摘自 2024 年 2 月 8 日《人民日报》）

# 南极新地标！秦岭站"中国范儿"

### 🔗 知识链接

## 极地是科学的殿堂

极地如一个天然实验室。我国是世界上为数不多的能够在极地独立开展科考工作并建立科考站、持续进行科学观测的国家之一。目前，我国极地科考调查了南北极陆地和海洋的生态环境和气候演变，研究了南北极地质背景，绘制了南极内部陆地第一张地形图，在一定程度上掌握了南北极拥有的能源和资源信息。

我国长城站所在的南设得兰群岛，由乔治王岛、纳尔逊岛等岛屿和岛礁组成。其中的一个岛实际上是一个巨大的火山，岛上的辽阔港湾就是火山口，火山口附近有着丰富的温泉资源，其火山岩形成于晚侏罗纪，结束于古近纪。截至 2016 年，我国在南极收集的陨石达12665 块，拥有量居世界第三位，对研究地球及其他天体的形成演化具有重要价值。

## 我国南极考察站建成时间

1985 年 2 月，我国第一座南极考察站长城站落成；

1989 年 2 月，我国第二座南极考察站中山站建成；

2009 年 1 月，我国第三座南极考察站、首个南极内陆考察站昆仑站建成；

2014 年 2 月，我国第四座南极考察站泰山站建成；

2024 年 2 月 7 日，我国第五座南极考察站秦岭站建成。

延伸阅读

## 我国是南极国际治理的重要参与者

2017 年我国成功主办第四十届南极条约协商会议和第二十届南极环境保护委员会会议，牵头提出了"绿色考察"的国际倡议，获得国际社会广泛认可；2023 年我国与多国联合提交关于促进南极冰盖航空调查国际合作、提升全球海平面上升预测精准度的提案获得会议支持……党的十八大以来，我国累计向有关极地国际组织单独或联合提交提案文件 80 余份，全方位参与极地环境保护、资源养护有关制度规则制定。

（摘自 2024 年 2 月 8 日《人民日报》）

# 其他领域安全

## 食 品 安 全

食品安全关系人民群众身体健康和生命安全。解决食品安全问题，必须用最严谨的标准、最严格的监管、最严厉的处罚、最严肃的问责，进一步加强食品安全工作，确保人民群众"舌尖上的安全"。

 新闻报道

### 食品安全法修订草案征求意见

十二届全国人大常委会第九次会议对《中华人民共和国食品安全法（修订草案）》进行了初次审议。

为了充分听取社会各界对本法修改的意见和建议，2014 年 7 月 2 日，全国人大常委会办公厅通过中国人大网全文公布了修订草案，开始向社会广泛征求意见。

这次修改围绕党的十八届三中全会决定关于建立最严格的食品安

全监管制度这一总体要求，更加突出预防为主、风险防范，建立最严格的全过程监管制度，建立最严格的各方法律责任制度，实行食品安全社会共治。

（摘自 2014 年 7 月 4 日《人民日报》）

## 新《食品安全法》震慑违法行为

"违法成本低"曾一度被认为是食品安全难以保证的重要原因之一。随着修订后的《食品安全法》的贯彻实施，"违法成本低"的现状正在改变。

2015 年 11 月，北京市通州区食药监局根据案件线索举报，对位于通州区的北京万全居食品工贸有限公司食品标签"早产"等问题进行了检查，发现该企业标注虚假生产日期，违法所得 2000 余元。

◎ 2023 年 9 月，中秋、国庆佳节临近，公安部部署各地公安机关准确把握当前食品安全犯罪形势，依法严厉打击食品安全犯罪。

维护餐桌安全

新华社发 勾建山 作

北京万全居食品公司不但被吊销了食品生产许可证，公司法人也受到"5年内禁止入行"的严厉处罚。这是全国食药监部门依据新《食品安全法》做出的首例"吊证"和对当事人予以从业资格处罚的案件。

（摘自 2016 年 10 月 26 日《人民日报》）

### 知识链接

**《食品安全法》第十八条规定：**

有下列情形之一的，应当进行食品安全风险评估：

（一）通过食品安全风险监测或者接到举报发现食品、食品添加剂、食品相关产品可能存在安全隐患的；

（二）为制定或者修订食品安全国家标准提供科学依据需要进行风险评估的；

（三）为确定监督管理的重点领域、重点品种需要进行风险评估的；

（四）发现新的可能危害食品安全因素的；

（五）需要判断某一因素是否构成食品安全隐患的；

（六）国务院卫生行政部门认为需要进行风险评估的其他情形。

### 答记者问

问：2019 年 5 月公布的《关于深化改革加强食品安全工作的意见》对生产经营者的责任作出了哪些规定？

**答：**安全的食品首先是"产"出来的，从源头上控制和防范食品安全风险，生产经营者是责任主体。

《意见》专门就落实生产经营者主体责任提出了要求：

一是落实质量安全管理责任，设立质量安全管理岗位，配备专业技术人员，严格执行法律法规、标准规范等要求。

二是加强生产经营过程控制，依法对食品安全责任落实情况、食品安全状况进行自查评价，主动监测其上市产品质量安全状况，对存在隐患的，要及时采取风险控制措施。

三是建立食品安全追溯体系，确保记录真实完整，确保产品来源可查、去向可追。

四是积极投保食品安全责任保险，推进肉蛋奶和白酒生产企业、集体用餐单位、农村集体聚餐、大宗食品配送单位、中央厨房和配餐单位主动购买食品安全责任保险，有条件的中小企业要积极投保食品安全责任保险，发挥保险的他律作用和风险分担机制。

（摘自 2019 年 5 月 22 日《人民日报》）

 **延伸阅读**

## 从"吃得安全"迈向"吃得健康"

党的十八大以来，组建含 17 个部门单位近 400 位专家的国家标准审评委员会，建立了程序公开透明、多领域专家广泛参与、评审科学权威的标准研制制度，不断提升标准的实用性和公信力。截至目前，已发布食品安全国家标准 1419 项。

食品污染和有害因素监测已覆盖 99% 的县区，食源性疾病监测

◎ 2023 年 9 月 11 日，在山东省临沂市郯城县马头镇高楼村葡萄大棚，农产品质量安全监管站检测人员利用食品安全快检设备对葡萄进行农药残留检测。（人民视觉）

已覆盖 7 万余家各级医疗机构。食品污染物和有害因素监测食品类别涵盖我国居民日常消费的粮油、蔬果、蛋奶、肉禽、水产等全部 32 类食品。

推进国民营养计划和健康中国合理膳食行动。组织建设一批营养健康餐厅、食堂、学校等试点示范。

各级疾控部门与教育部门密切配合，逐年开展监测评估显示，学生贫血率从 2012 年的 16.7% 下降到 2021 年的 11.4%，学生的生长迟缓率从 2012 年的 8.0% 下降到 2021 年的 2.5%。

（摘自 2022 年 6 月 28 日《人民日报》）

◎ 新修订的《婴幼儿配方乳粉产品配方注册管理办法》自 2023 年 10 月 1 日起施行。

标签标识新规范                                   新华社发 徐骏 作

 视频新闻

## 2023 年食品安全监督抽检合格率超 97%

## 85 项新食品安全国家标准发布

# 种 源 安 全

种业是农业的"芯片",是国家粮食安全的基石。农业现代化,种子是基础,必须把民族种业搞上去,把种源安全提升到关系国家安全的战略高度,集中力量破难题、补短板、强优势、控风险,实现种业科技自立自强、种源自主可控。

## 新闻报道

### "中国粮主要用中国种"

产量怎么稳?良种是基础。

"要下决心把我国种业搞上去,抓紧培育具有自主知识产权的优良品种,从源头上保障国家粮食安全。"2018 年 4 月 12 日,习近平总书记在国家南繁科研育种基地考察时指出。

"中国粮主要用中国种"。截至目前,我国主要农作物良种基本实现全覆盖,自主选育品种面积占 95% 以上,水稻、小麦两大口粮作物品种自给率达 100%,良种在农业增产中的贡献率超过 45%。

(摘自 2022 年 2 月 18 日《人民日报》)

### 到 2030 年全面建成国家南繁硅谷

2024 年 1 月 31 日,《国家南繁硅谷建设规划(2023—2030 年)》(以下简称《规划》)新闻发布会在海南三亚举行。根据规划,集科研、生产、销售、科技交流、成果转化为一体的服务全国的南繁硅谷将于 2030 年全面建成。

　　南繁基地是我国农业科研不可替代的战略资源，在科研育种加代、应急种子生产、制种繁种等方面发挥着极其重要的作用。《规划》由农业农村部、国家发展改革委、财政部、自然资源部、海关总署共同印发，对南繁硅谷建设作出了全面部署。《规划》以种业高质量发展为主线，将努力把南繁硅谷建成国家级种业创新基地、种业高质量发展新引擎、种业科技国际合作大平台和种业深化改革开放试验区。

（摘自 2024 年 2 月 1 日《人民日报》）

◎ 2023 年 12 月 29 日，赵国忠（左一）和同事在海南三亚国家南繁科研育种基地给棉花做杂交实验。（新华社发）

**相关报道**

## 良种培育为粮食安全提供强大支撑

什么水稻可以割完一茬再收一茬？最近，一种刷新传统的"再生稻"正在浙江嵊州石璜镇收割。收割过后，稻田里留下了三四十厘米高的稻茬。据介绍，稻茬将再次发苗长穗，到 10 月中旬就可以二次收割。这种米不仅口感好、香味浓，而且产量同"两种两收"的双季稻不相上下。

（摘自 2020 年 9 月 8 日《人民日报》）

## 且潜心耕耘吧！

开展种源"卡脖子"技术攻关，打好种业翻身仗……我国在"一粒种子"问题上下足功夫。"一花一天堂"，一粒种子则可以改变一个世界。今天，我国的良种覆盖率达到了 96% 以上、对粮食增长贡献率超过 45%，水稻、小麦、大豆全部使用自主品种。中国碗装上了中国粮，中国粮用上了中国种。

（摘自 2022 年 2 月 23 日《光明日报》）

## 种子的"芯"愿

习近平总书记对种业振兴念兹在兹，强调"只有用自己的手攥紧中国种子，才能端稳中国饭碗，才能实现粮食安全"。

种子是农业的"芯片"，小小的种子，连着"国之大者"。创新求变、攻坚克难、保护利用……神州大地上，种业发展，如破土而出的种子，蓬勃、茁壮。

牢记嘱托，守正创新。"只有不断挖掘优良种质基因，才能真正让中国饭碗端得牢、百姓吃得好。"天津市农科院种质资源与生物技术研究所工程师徐石勇说，今年他们将继续扩繁，为后人留下更多珍贵种源"星火"。

（摘自 2023 年 5 月 14 日新华社稿）

📷 视频新闻

**耕地和种子安全的核心：科技 + 投入 + 保护**

**维护粮食安全　种子要创新**

# 能 源 安 全

能源是工业的粮食、国民经济的命脉，能源保障和安全事关国计民生和国家安全，是关系国家经济社会发展的全局性、战略性问题，是须臾不可忽视的"国之大者"。作为世界最大的能源消费国，如何有效保障国家能源安全、有力保障国家经济社会发展，始终是我国能源发展的首要问题。要加快推动关键技术、核心产品迭代升级和新技术智慧赋能，提高国家能源安全和保障能力。

习近平在中共中央政治局第十二次集体学习时强调

## 大力推动我国新能源高质量发展
## 为共建清洁美丽世界作出更大贡献

中共中央政治局 2 月 29 日下午就新能源技术与我国的能源安全进行第十二次集体学习。中共中央总书记习近平在主持学习时强调，能源安全事关经济社会发展全局。

习近平强调，我国风电、光伏等资源丰富，发展新能源潜力巨大。经过持续攻关和积累，我国多项新能源技术和装备制造水平已全

◎ 2023 年 11 月 5 日，在新疆阿克苏地区沙雅县境内，塔里木油田富满油田富源联合站成功投产，标志着我国最大超深油田富满油田地下 8000—9000 米超深层油气实现规模效益开发。（人民图片）

球领先，建成了世界上最大的清洁电力供应体系，新能源汽车、锂电池和光伏产品还在国际市场上形成了强大的竞争力，新能源发展已经具备了良好基础，我国成为世界能源发展转型和应对气候变化的重要推动者。

习近平指出，要统筹好新能源发展和国家能源安全，坚持规划先行、加强顶层设计、搞好统筹兼顾，注意处理好新能源与传统能源、全局与局部、政府与市场、能源开发和节约利用等关系，推动新能源高质量发展。

（摘自 2024 年 3 月 1 日新华社稿）

## 从"跟跑并跑"向"创新主导"加速转变

新中国成立前，我国水轮发电机组主要从国外进口，自制的发电机单机容量不超过 200 千瓦。2021 年 5 月 31 日，世界在建规模最大的水电工程——白鹤滩水电站工程大坝建设迎来重大节点。水电站采用的 100 万千瓦水轮发电机组，是全球单机容量最大的水电机组，也是我国自主设计制造的完全国产化百万千瓦机组。

这是我国能源技术装备自主创新的一个缩影。看煤炭利用，国产百万千瓦超超临界机组相继投产、研发建设世界首套百万吨级煤直接液化商业装置；看油气开发，页岩气加速迈进大规模商业化发展阶段，天然气水合物试采取得成功；看核电创新，"国和一号"和"华龙一号"三代核电技术取得新突破；看风电光伏，国内风电装机 90%以上采用国产风机，光伏发电多次刷新电池转换效率世界纪录……

我国在能源领域大力实施创新驱动发展战略，增强能源科技创新能力。一大批先进能源技术装备走出国门、走向世界，其中水电业务走进全球多个国家和地区，光伏产业为全球市场供应了超过 70% 的组件。

（摘自 2021 年 6 月 16 日《人民日报》）

 **知识链接**

### "四个革命、一个合作" 能源安全新战略

推动能源消费革命，抑制不合理能源消费；

推动能源供给革命，建立多元化供应体系；

推动能源技术革命，带动产业升级；

推动能源体制革命，打通能源发展快车道。

一个合作是全方位加强国际合作，实现开放条件下能源安全。

**相关报道**

### "能源的饭碗必须端在自己手里"

2021 年 10 月，习近平总书记考察胜利油田时指出，"中国作为制造业大国，要发展实体经济，能源的饭碗必须端在自己手里"。

2022 年春节前夕赴山西考察，总书记特意来到山西瑞光热电有限责任公司，走进企业储煤场，察看煤场储煤等情况，强调要"夯实国内能源生产基础，保障煤炭供应安全"。

能源保供稳价工作在不断推进——加快释放国内油、气、煤炭产能，2022 年新增煤炭产能 3 亿吨；持续提升油气勘探开发力度，加

快大型风电光伏基地建设；积极用好国际市场，自 2022 年 5 月 1 日至 2023 年 3 月 31 日，对所有煤炭实施税率为零的进口暂定税率……2022 年一季度，全国原煤、原油、天然气产量同比分别增长 10.3%、4.4%、6.6%，可再生能源新增装机 2541 万千瓦、占全国新增发电装机的 80%。能源供给制约问题明显缓解。

（摘自 2022 年 5 月 24 日新华社稿）

◎ 2024 年 2 月 24 日，中国石化胜利海上油区生产一派繁忙。（人民图片）

## 全力增储上产，能源资源供应稳定

地层压强达 69 兆帕，是家用高压锅工作压强的约 1000 倍——12 月 14 日，南海之滨，"深海一号"二期项目压力最高的开发井完成钻井作业，刷新国内深水开发井压力等级纪录。

"这是我国首个深水高压气田项目，可使'深海一号'超深水大气田的高峰年产量从 30 亿立方米增至 45 亿立方米，相当于海南 2021 年天然气消费量的 90%。"中国海油海南分公司总工程师刘书杰介绍，入冬以来，环海南岛海上气田群的 16 座平台开足马力生产，日产天然气保持在 2000 万立方米以上。

海洋油气勘探开发有力推进，是我国油气增储上产的一大亮点。《中国海洋能源发展报告 2023》显示，今年海洋油气产量预计再创新高，其中海洋原油新增产量占全国原油增产量的 60% 以上。

（摘自 2023 年 12 月 29 日《人民日报》）

◎ "深海一号"二期工程是我国首个深水高压气田开发项目，区域水深近千米，天然气储量约 500 亿立方米。图为"深海一号"二期工程综合处理平台水上生产组块进行吊装作业。（新华社发）

能源安全是强化国家经济安全的基础性保障

保能源安全为何向深水要油气?

# ★ 体系篇 ★

　　十年来，在党中央坚强领导下，国家安全体系的四梁八柱已初步搭建，国家安全法治体系、战略体系、政策体系不断完善，国家安全能力显著增强，对国家安全的支撑作用日益显现。

# 国家安全法治体系

## 国家安全法

 **新闻报道**

### 通过新国家安全法

十二届全国人大常委会第十五次会议 2015 年 7 月 1 日表决通过了新的国家安全法。法律对政治安全、国土安全、军事安全、文化安全、科技安全等 11 个领域的国家安全任务进行了明确，自公布之日起施行。

新国家安全法共七章，对维护国家安全的任务与职责，国家安全制度，国家安全保障，公民、组织的义务和权利等方面进行了规定。

（摘自 2015 年 7 月 2 日《人民日报》）

**知识链接**

## 《国家安全法》第七十七条规定：

公民和组织应当履行下列维护国家安全的义务：

（一）遵守宪法、法律法规关于国家安全的有关规定；

（二）及时报告危害国家安全活动的线索；

（三）如实提供所知悉的涉及危害国家安全活动的证据；

（四）为国家安全工作提供便利条件或者其他协助；

（五）向国家安全机关、公安机关和有关军事机关提供必要的支持和协助；

（六）保守所知悉的国家秘密；

（七）法律、行政法规规定的其他义务。

任何个人和组织不得有危害国家安全的行为，不得向危害国家安全的个人或者组织提供任何资助或者协助。

◎ 2023 年 4 月 14 日，安徽省合肥市肥东县经开区王大郢社区广场"全民国家安全教育日"主题宣传点，民警在向群众讲解国家安全法。（人民图片）

📖 **延伸阅读**

## 国家安全法颁布实施五周年

五年来，国家安全法律制度体系加紧构建形成，国家情报法、反恐怖主义法、境外非政府组织境内活动管理法、国防交通法、网络安全法、核安全法、外商投资法等一批重点法律颁布实施，特别是根据《全国人民代表大会关于建立健全香港特别行政区维护国家安全的法律制度和执行机制的决定》，《中华人民共和国香港特别行政区维护国家安全法》制定出台，堵住香港国安漏洞，为新时代依法捍卫国家安全提供了坚实保障。

五年来，国家安全法律法规深入实施，积极防范化解国家安全领域各种风险挑战，依法打击各类危害国家安全违法犯罪行为，有力维护了国家主权、安全、发展利益。五年来，我们党坚持以人民安全为宗旨，全面提升人民获得感、幸福感、安全感。

（摘自 2020 年 7 月 1 日《人民日报》）

◎ 2023 年 4 月 11 日，在第八个全民国家安全教育日到来之际，安徽省含山县司法局和姚庙中心学校开展国家安全教育宣传活动。（人民视觉）

### 📑 答记者问

**问：** 我国 1993 年制定了一部国家安全法，为何 20 多年后又制定一部新的国家安全法？

**答：** 通过制定法律来维护国家安全是各国通行的做法。1993 年制定的国家安全法，主要是规定国家安全机关的职权和以反间谍工作为主要内容。1993 年到现在，国家安全形势发生了巨大变化，之前的国家安全法已难以适应维护国家安全的需要。

党的十八大以来，为适应新形势新任务，党中央成立了国家安全委员会，习近平总书记提出总体国家安全观。全面维护各领域国家安全，需要制定一部应对国家安全各种威胁和风险，统领国家安全各领域工作的法律。

（摘自 2015 年 7 月 2 日新华社稿）

**问：** 请介绍一下十三届全国人大及其常委会在维护我国国家安全领域的立法情况？

**答：** 全国人大及其常委会加快立法步伐，不断提高立法质量和效率，国家安全领域立法取得显著进展。

为有效防范应对各类风险挑战，制定生物安全法、出口管制法、密码法，修改档案法，审议海上交通安全法修订草案、数据安全法草案、个人信息保护法草案、反有组织犯罪法草案、安全生产法修正草案等；适应新时代国防和军队建设需要，制定海警法、退役军人保障法，修改国防法、人民武装警察法，审议军人地位和权益保障法草案、兵役法修订草案、军事设施保护法修订草案等。

（摘自 2021 年 4 月 15 日《人民日报》）

**中国通过新国家安全法　今日公布施行**

**国家安全是民族复兴的根基**

# 反恐怖主义法

恐怖主义是人类社会的公敌，是对所有国家和全人类的挑战。2015 年 12 月 27 日，全国人大常委会通过《中华人民共和国反恐怖主义法》，对我国反恐怖主义工作的基本原则和立场、恐怖活动组织和人员的认定、安全防范、情报信息、调查、应对处置、国际合作、保障措施、法律责任等作出全面规定，为防范和惩治恐怖活动提供了有力的法律保障。

2018 年 4 月，全国人大常委会修正《中华人民共和国反恐怖主义法》。

 新闻报道

## 战胜恐怖主义的根本措施

恐怖主义性质十分恶劣，危害极其严重。新的历史条件下如何战胜恐怖主义，路径在哪里呢？此次反恐怖主义法作了明确的回答。反恐怖主义法第四条明确"国家将反恐怖主义纳入国家安全战略，综合施策，标本兼治，加强反恐怖主义的能力建设，运用政治、经济、法律、文化、教育、外交、军事等手段，开展反恐怖主义工作"。这就从法律高度指明了战胜恐怖主义的根本路径。

与恐怖主义做斗争极其艰巨复杂。恐怖主义的危害绝不是某个地

◎ 2023 年 7 月 10 日，中国海军"和平方舟"号医院船在太平洋上组织反恐反海盗演练。这是舰载直升机前出查证。（新华社发）

区局部性的、某个领域个别性的，而是全局性的、系统性的，危害的是"国家安全、公共安全和人民生命安全"这一最高等级的安全利益。将反恐怖主义工作纳入总体国家安全战略，是我们党和国家有效打击恐怖主义经验的总结，是战胜恐怖主义的根本措施。

（摘自 2016 年 5 月 18 日《人民日报》）

### 答记者问

**问**：反恐法有哪些特点和亮点？

**答**：第一，该法对恐怖活动的预防、发现、打击、处置等各个环节都进行了系统周密的设计，为有关部门依法采取反恐怖手段打击恐怖活动、强化安全防范措施、增强应对处置能力提供了保障。第二，该法中关于情报交流、执法合作、司法协助等国际合作的规定，有利于我们通过国际反恐合作形式与有关国家一道打击境外的"东突"恐怖势力，清除刺激国内暴恐活动滋生的境外源头。第三，该法强调联动配合、专群结合的工作原则，有助于国家统筹全局、统一指挥、广泛发动各领域力量参与反恐怖工作，共同打击暴力恐怖活动，维护国家安全。第四，该法规定兼顾了惩罚犯罪与保障人权，对于其中涉及人身、财产权利的重大举措，如认定恐怖活动组织和恐怖活动人员，设定了相应的救济条款等。

**问**：反恐是国际社会面临的共同问题。中国警方是如何开展反恐国际合作的？

**答**：近年来，中国公安机关以打击境外"东突"恐怖势力为重点，持续推动我与周边国家及重点国家的反恐务实合作，加大涉恐情报交流和案件核查力度，遏制和打击"东突"分子非法潜入潜出活动，有效遏制和打击了以"东伊运"为代表的"东突"恐怖组织活动；巩固和完善双边反恐合作机制建设，在涉恐情报交流、线索核查、个案合作、能力建设等领域开展了实质性合作；深入参与国际刑警组织、上海合作组织、中国与东盟执法安全部长级对话等多边机制反恐务实合作，为国际反恐合作作出了积极努力和贡献。

我国同世界上其他受恐怖主义威胁的国家一样，在反对和打击恐怖主义、极端主义问题上有着同样的立场和关切。我国愿意在互相尊重、平等互利基础上与其他国家开展国际反恐合作，但坚决反对在反恐问题上搞"双重标准"。打击恐怖主义应尊重国际法和国际关系基本准则，充分尊重联合国的作用。一直以来，我国以自己的方式为国际反恐事业作出贡献，并将继续帮助有关国家加强反恐能力建设，与各有关国家保持密切的沟通与联系。

（摘自 2016 年 2 月 26 日新华社稿）

 知识链接

## 恐 怖 主 义

恐怖主义，是指通过暴力、破坏、恐吓等手段，制造社会恐慌、危害公共安全、侵犯人身财产，或者胁迫国家机关、国际组织，以实现其政治、意识形态等目的的主张和行为。

### 恐怖活动犯罪行为认定事例

**事例一**：2004 年至 2010 年间，犯罪嫌疑人白某，明知有关人员

意图非法出境实施恐怖活动，仍多次为其提供中转运送、停留住宿、伪造身份证明材料等便利，造成严重后果。河南某法院经法庭审理，依据《中华人民共和国刑法》有关规定，认定白某的行为构成资助恐怖活动罪。

**事例二：**违法嫌疑人万某某，将一段含有血腥、暴力场面的视频转发到自己的社交媒体账号，之后又被多人转发，造成不良影响。经认定，该视频符合宣扬恐怖主义的视频内容特征，属法律法规禁止传播内容。四川某公安机关依据《中华人民共和国反恐怖主义法》有关规定，认定万某某的行为构成传播宣扬恐怖主义的物品违法行为。

 延伸阅读

### 确保反恐怖主义工作在法治轨道上运行

### 中国的反恐怖主义法律制度体系与实践

# 网络安全法

2016 年 11 月 7 日，十二届全国人大常委会第二十四次会议通过《中华人民共和国网络安全法》。2017 年 6 月 1 日,《中华人民共和国网络安全法》正式施行。这是我国第一部全面规范网络空间安全管理方面问题的基础性法律，是依法治网、化解网络风险的法律重器，为网络安全工作提供了切实法律保障。

2022 年 9 月，国家网信办发布《关于修改〈中华人民共和国网络安全法〉的决定（征求意见稿）》。

 新闻报道

习近平主持召开中央网络安全和
信息化领导小组第一次会议强调
**总体布局统筹各方创新发展**
**努力把我国建设成为网络强国**

中共中央总书记、国家主席、中央军委主席、中央网络安全和信息化领导小组组长习近平 2014 年 2 月 27 日下午主持召开中央网络安全和信息化领导小组第一次会议并发表重要讲话。他强调，网络安全和信息化是事关国家安全和国家发展、事关广大人民群众工作生活的重大战略问题，要从国际国内大势出发，总体布局，统筹各方，创新发展，努力把我国建设成为网络强国。

习近平强调，网络信息是跨国界流动的，信息流引领技术流、资

金流、人才流，信息资源日益成为重要生产要素和社会财富，信息掌握的多寡成为国家软实力和竞争力的重要标志。信息技术和产业发展程度决定着信息化发展水平，要加强核心技术自主创新和基础设施建设，提升信息采集、处理、传播、利用、安全能力，更好惠及民生。

习近平指出，没有网络安全就没有国家安全，没有信息化就没有现代化。建设网络强国，要有自己的技术，有过硬的技术；要有丰富全面的信息服务，繁荣发展的网络文化；要有良好的信息基础设施，形成实力雄厚的信息经济；要有高素质的网络安全和信息化人才队伍；要积极开展双边、多边的互联网国际交流合作。建设网络强国的战略部署要与"两个一百年"奋斗目标同步推进，向着网络基础设施基本普及、自主创新能力显著增强、信息经济全面发展、网络安全保障有力的目标不断前进。

习近平强调，要制定全面的信息技术、网络技术研究发展战略，下大气力解决科研成果转化问题。要出台支持企业发展的政策，让他们成为技术创新主体，成为信息产业发展主体。要抓紧制定立法规划，完善互联网信息内容管理、关键信息基础设施保护等法律法规，

◎ 2023 年 9 月 11 日上午，河南省开封市尉氏县的志愿者在新尉广场给群众讲解网络安全知识。（人民视觉）

依法治理网络空间，维护公民合法权益。

（摘自 2014 年 2 月 28 日《人民日报》）

 知识链接

### 《网络安全法》第十二条第二款规定：

任何个人和组织使用网络应当遵守宪法法律，遵守公共秩序，尊重社会公德，不得危害网络安全，不得利用网络从事危害国家安全、荣誉和利益，煽动颠覆国家政权、推翻社会主义制度，煽动分裂国家、破坏国家统一，宣扬恐怖主义、极端主义，宣扬民族仇恨、民族歧视，传播暴力、淫秽色情信息，编造、传播虚假信息扰乱经济秩序和社会秩序，以及侵害他人名誉、隐私、知识产权和其他合法权益等活动。

### 《个人信息保护法》第十条规定：

任何组织、个人不得非法收集、使用、加工、传输他人个人信息，不得非法买卖、提供或者公开他人个人信息；不得从事危害国家安全、公共利益的个人信息处理活动。

答记者问

问：《网络安全法》要求，采取技术措施和其他必要措施阻断来源于境外的非法信息的传播。这一要求是不是意味着要严格管控国外网站，限制信息跨境流动？

**答:**现实世界中,无论是企业还是个人,进入哪个国家就要遵从哪个国家的法律法规要求,违法行为都将受到法律的制裁。网络空间也不例外,在中国境内网络上传播的信息必须符合中国法律法规的规定。中国坚持依法治网,采取技术措施和其他必要措施阻断违法信息在境内传播,是国家网络空间主权的体现,是维护国家安全和广大人民群众利益的客观要求。我们支持信息跨境自由流动,但这要以不损害他国网络空间主权为条件,阻断违法信息进入本国网络空间与支持信息跨境自由流动不矛盾。

 延伸阅读

### 网络安全筑起五道"防火墙"

## 数据安全法

2021年6月10日,十三届全国人大常委会第二十九次会议通过《中华人民共和国数据安全法》。这部数据领域的基础性法律,已于2021年9月1日起施行,将进一步筑牢国家安全基石,为我国数字经济发展保驾护航。

习近平主持召开中央全面深化改革

委员会第二十六次会议强调

**加快构建数据基础制度　加强和改进行政区划工作**

中共中央总书记、国家主席、中央军委主席、中央全面深化改革委员会主任习近平 2022 年 6 月 22 日下午主持召开中央全面深化改革委员会第二十六次会议，审议通过了《关于构建数据基础制度更好发挥数据要素作用的意见》。

习近平在主持会议时强调，数据基础制度建设事关国家发展和安全大局，要维护国家数据安全，保护个人信息和商业秘密，促进数据高效流通使用、赋能实体经济，统筹推进数据产权、流通交易、收益分配、安全治理，加快构建数据基础制度体系。要加强党中央对行政区划工作的集中统一领导，做好统筹规划，避免盲目无序。要遵循科技创新规律和人才成长规律，以激发科技人才创新活力为目标，按照创新活动类型，构建以创新价值、能力、贡献为导向的科技人才评价体系，引导人尽其才、才尽其用、用有所成。要推动大型支付和金融科技平台企业回归本源，健全监管规则，补齐制度短板，保障支付和金融基础设施安全，防范化解系统性金融风险隐患，支持平台企业在服务实体经济和畅通国内国际双循环等方面发挥更大作用。

会议指出，数据作为新型生产要素，是数字化、网络化、智能化的基础，已快速融入生产、分配、流通、消费和社会服务管理等各个环节，深刻改变着生产方式、生活方式和社会治理方式。我国具有数据规模和数据应用优势，我们推动出台数据安全法、个人信息保护法等法律法规，积极探索推进数据要素市场化，加快构建以数据为关键要素的数字经济，取得了积极进展。

（摘自 2022 年 6 月 23 日《人民日报》）

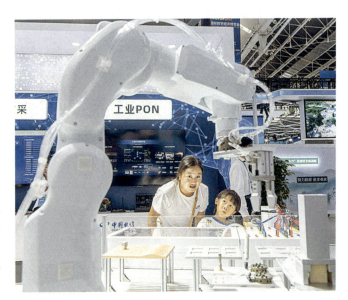

◎ 2023 中国国际数字经济博览会在石家庄（正定）国际会展中心开幕，小朋友在参观工业机器人。（人民图片）

 **知识链接**

### 《数据安全法》第三条规定：

本法所称数据，是指任何以电子或者其他方式对信息的记录。

数据处理，包括数据的收集、存储、使用、加工、传输、提供、公开等。

数据安全，是指通过采取必要措施，确保数据处于有效保护和合法利用的状态，以及具备保障持续安全状态的能力。

### 《数据安全法》第六条规定：

各地区、各部门对本地区、本部门工作中收集和产生的数据及数据安全负责。

工业、电信、交通、金融、自然资源、卫生健康、教育、科技等主管部门承担本行业、本领域数据安全监管职责。

公安机关、国家安全机关等依照本法和有关法律、行政法规的规定，在各自职责范围内承担数据安全监管职责。

国家网信部门依照本法和有关法律、行政法规的规定，负责统筹协调网络数据安全和相关监管工作。

### 相关报道

### 数据安全步入法治化轨道

数据安全事关公民个人权益、产业健康发展甚至国家安全。2021年9月1日，《中华人民共和国数据安全法》正式施行，数据安全步入法治化轨道。

**个人信息——**

**全链条、全流程监管**

2021年4月，有网民向宁夏中卫市警方举报：沙坡头区有人在网上售卖公民个人信息。警方在浙江慈溪、四川自贡、甘肃兰州及宁夏中卫沙坡头区先后抓获6名犯罪嫌疑人。犯罪嫌疑人王某某供认称，自2020年6月以来，他与同伙任某某通过黑客技术，非法侵入多家网贷平台，窃取系统内公民个人信息，随后将非法窃取数据批量出售。截至案发，该犯罪团伙共计出售公民个人信息 100 余万条。

数据安全法为公安机关全链条打击、惩治侵犯公民个人信息、倒卖个人数据等违法犯罪行为提供了重要法律保障，将更加有利于落实网络安全等级保护制度，全方位保护个人信息安全。

企业数据——

安全防护常态化

去年 10 月，贵州贵阳市公安局网安支队接上级通报，贵州某教育科技有限公司注册及使用的三款 APP 存在不同程度非法收集公民信息数据行为。经查，该公司 APP 无隐私政策及收集使用个人信息规则，在用户首次登录时以默认选择隐私政策等非明示方式征求用户同意；没有提供有效的更正、删除个人信息及注销用户账号功能。

各类网站、APP 无论规模大小，相关负责人和运营商都应当按照法律法规要求及时开展网络安全检查，履行网络安全保护义务。

（摘自 2021 年 12 月 27 日《人民日报》）

 延伸阅读

织密信息"防护网" 开放共享促发展

## 2022 数据安全技术大会举办

# 香港国安法

维护国家安全是"一国两制"的核心要义。从国家层面建立健全香港特别行政区维护国家安全的法律制度和执行机制，是堵塞香港国家安全法律漏洞的必要之举，是确保"一国两制"行稳致远的治本之策。

《中华人民共和国香港特别行政区维护国家安全法》由中华人民共和国十三届全国人民代表大会常务委员会第二十次会议于 2020 年 6 月 30 日通过，自公布之日起施行。

 新闻报道

### 香港立法会全票通过《维护国家安全条例》

香港特区立法会 19 日三读全票通过《维护国家安全条例》（以下简称条例）。这标志着香港特区落实了基本法第 23 条规定的宪制责任，完善特区维护国家安全的法律制度和执行机制取得重大进展。

条例正文由 9 部分组成，分别是"导言""叛国等""叛乱、煽惑

叛变及离叛，以及具煽动意图的作为等""与国家秘密及间谍活动相关的罪行""危害国家安全的破坏活动等""危害国家安全的境外干预及从事危害国家安全活动的组织""与维护国家安全相关的执法权力及诉讼程序等""维护国家安全机制及相关保障"及"相关修订"。

香港基本法第 23 条规定，香港特别行政区应自行立法禁止任何叛国、分裂国家、煽动叛乱、颠覆中央人民政府及窃取国家机密的行为，禁止外国的政治性组织或团体在香港特别行政区进行政治活动，禁止香港特别行政区的政治性组织或团体与外国的政治性组织或团体建立联系。

《维护国家安全条例》全面落实香港基本法、全国人大"5·28"决定及香港国安法所规定的宪制责任和义务，补齐了香港特区维护国家安全制度机制的漏洞和短板。

（摘自 2024 年 3 月 20 日《人民日报》）

◎ 2024 年 3 月 19 日，香港城市风光。（新华社发）

## 《中华人民共和国香港特别行政区维护
## 国家安全法》在香港刊宪并即时生效

香港特区政府新闻处 2020 年 6 月 30 日晚发布公告，《中华人民共和国香港特别行政区维护国家安全法》30 日在香港特区刊宪公布，即日晚 11 时生效。

全国人大常委会 30 日通过香港国安法，并在征询全国人大常委会香港特别行政区基本法委员会和香港特区政府的意见后，将该法列入基本法附件三。香港国安法是根据宪法、香港基本法和《全国人民代表大会关于建立健全香港特别行政区维护国家安全的法律制度和执行机制的决定》而制定。香港国安法由香港特别行政区在香港公布实施，有关公布已由特区行政长官林郑月娥签署，并于 30 日晚刊宪生效。

（摘自 2020 年 6 月 30 日新华社稿）

### 相关报道

### "一国两制"行稳致远的"压舱石"

对香港来说，"一国"之本得到巩固，"两制"之利才能彰显。应该看到，《中华人民共和国香港特别行政区维护国家安全法》的颁布实施，针对的是极少数严重危害国家安全的行为和活动，针对的是"港独""黑暴""揽炒"势力，香港实行的资本主义制度不会变，高度自治不会变，法律制度不会变。有了国家安全这个大前提，香港社会稳定才有保障，解决发展问题才有基础，香港居民的生命财产安全和权利与自由才能得到切实保障，特区政府和社会各界才能集中精力逐一解决经济民生方面存在的深层次矛盾和问题。总而言之，国家安全底线愈牢，"一国两制"实践空间愈大。

（摘自 2020 年 7 月 1 日《人民日报》）

◎ 2024 年 1 月 31 日，春节临近，香港处处洋溢着喜庆的节日气氛，市民在香港湾仔利东街观赏龙形彩灯。（新华社发）

  视频新闻

### 香港国安法　筑牢香港安全"防波堤"

# 国家安全战略体系

## 国家安全战略纲要

国家安全战略是党和国家在一个时期维护国家安全的方针政策和目标任务,是维护国家安全的顶层设计,是管全局的。2015 年 1 月 23 日,中央政治局审议通过了《国家安全战略纲要》,为新形势下全面保障国家安全提供了强有力的战略支撑。

 **新闻报道**

中共中央政治局召开会议

**审议通过《国家安全战略纲要》**

中共中央总书记习近平主持会议

中共中央政治局 1 月 23 日召开会议,审议通过《国家安全战略纲要》;听取全国人大常委会、国务院、全国政协、最高人民法院、最高人民检察院党组向中央政治局常委会汇报工作的综合情况报告;听取关于 2014 年贯彻执行中央八项规定情况的汇报,研究部署下一步改进作风工作。中共中央总书记习近平主持会议。

　　会议认为，当前，国际形势风云变幻，我国经济社会发生深刻变化，改革进入攻坚期和深水区，社会矛盾多发叠加，各种可以预见和难以预见的安全风险挑战前所未有，必须始终增强忧患意识，做到居安思危。制定和实施《国家安全战略纲要》，是有效维护国家安全的迫切需要，是完善中国特色社会主义制度、推进国家治理体系和治理能力现代化的必然要求。在新形势下维护国家安全，必须坚持以总体国家安全观为指导，坚决维护国家核心和重大利益，以人民安全为宗旨，在发展和改革开放中促安全，走中国特色国家安全道路。要做好各领域国家安全工作，大力推进国家安全各种保障能力建设，把法治贯穿于维护国家安全的全过程。

　　会议提出，坚持正确义利观，实现全面、共同、合作、可持续安

◎ 2024 年 2 月 21 日，中国海军第 46 批护航编队从广东湛江某军港解缆起航，赴亚丁湾、索马里海域接替第 45 批护航编队执行护航任务。（新华社发）

全，在积极维护我国利益的同时，促进世界各国共同繁荣。运筹好大国关系，塑造周边安全环境，加强同发展中国家的团结合作，积极参与地区和全球治理，为世界和平与发展作出应有贡献。

会议强调，国家安全是安邦定国的重要基石。必须毫不动摇坚持中国共产党对国家安全工作的绝对领导，坚持集中统一、高效权威的国家安全工作领导体制。要加强国家安全意识教育，努力打造一支高素质的国家安全专业队伍。

（摘自 2015 年 1 月 24 日《人民日报》）

 知识链接

### 《国家安全法》第六条规定：

国家制定并不断完善国家安全战略，全面评估国际、国内安全形势，明确国家安全战略的指导方针、中长期目标、重点领域的国家安全政策、工作任务和措施。

**相关报道**

### 国家安全任务"清单"内容增加

20 日提请十二届全国人大常委会第十四次会议进行二次审议的国家安全法草案，明确了总体国家安全观的内涵。

根据草案二审稿，国家安全工作应当坚持总体国家安全观，以人民安全为宗旨，以政治安全为根本，以经济安全为基础，以军事、文化、社会安全为保障，以促进国际安全为依托，维护各领域国家安

全，构建国家安全体系，走中国特色国家安全道路。

十二届全国人大常委会第十二次会议对国家安全法草案进行了初次审议。草案一审稿第四章第二节规定了"国家安全战略"。有些常委会组成人员、部门和地方提出，国家安全战略是党和国家在一个时期维护国家安全的方针政策和目标任务，是维护国家安全的顶层设计，是管全局的，建议把制定国家安全战略的规定移至总则作出规定。

（摘自 2015 年 4 月 21 日《人民日报》）

◎ 2023 年 4 月 15 日，贵州省黔东南苗族侗族自治州榕江县机关单位工作人员在给居民发送国家安全知识宣传资料。（新华社发）

 延伸阅读

## 我国国家安全战略展现新布局

从总体上看，我国国家安全战略布局有以下几个重要方面。

设立中央国家安全委员会，完善国家安全工作体制机制。党的十八届三中全会提出设立国家安全委员会。中央国家安全委员会的设立，是完善国家安全体制机制的重要一步。

通过《国家安全战略纲要》，对国家安全作出总体性战略规划。2015 年 1 月，中央政治局审议通过《国家安全战略纲要》。在总体国家安全观指导下制定的这一国家安全战略纲要，是一个全面系统的国家安全战略规划，为我国在新形势下全面保障国家安全提供了强有力的战略支撑。

（摘自 2016 年 8 月 23 日《人民日报》）

# 国家安全战略（二〇二一——二〇二五年）

 新闻报道

### 中共中央政治局召开会议
### 审议《国家安全战略（二〇二一——二〇二五年）》

中共中央政治局 11 月 18 日召开会议，审议《国家安全战略（2021—2025 年）》、《军队功勋荣誉表彰条例》和《国家科技咨询委员会 2021 年咨询报告》。中共中央总书记习近平主持会议。

会议指出，新形势下维护国家安全，必须牢固树立总体国家安全观，加快构建新安全格局。必须坚持党的绝对领导，完善集中统一、高效权威的国家安全工作领导体制，实现政治安全、人民安全、国家利益至上相统一；坚持捍卫国家主权和领土完整，维护边疆、边境、周边安定有序；坚持安全发展，推动高质量发展和高水平安全动态平衡；坚持总体战，统筹传统安全和非传统安全；坚持走和平发展道路，促进自身安全和共同安全相协调。

会议强调，必须坚持把政治安全放在首要位置，统筹做好政治安全、经济安全、社会安全、科技安全、新型领域安全等重点领域、重点地区、重点方向国家安全工作。要坚定维护国家政权安全、制度安全、意识形态安全，严密防范和坚决打击各种渗透颠覆破坏活动。要增强产业韧性和抗冲击能力，筑牢防范系统性金融风险安全底线，确保粮食安全、能源矿产安全、重要基础设施安全，加强海外利益安全保护。要强化科技自立自强作为国家安全和发展的战略支撑作用。要积极维护社会安全稳定，从源头上预防和减少社会矛盾，防范遏制重特大安全生产事故，提高食品药品等关系人民健康产品和服务的安全保障水平。要持续做好新冠肺炎疫情防控，加快提升生物安全、网络安全、数据安全、人工智能安全等领域的治理能力。要积极营造良好外部环境，坚持独立自主，在国家核心利益、民族尊严问题上决不退让，坚决维护国家主权、安全、发展利益；树立共同、综合、合作、可持续的全球安全观，加强安全领域合作，维护全球战略稳定，携手应对全球性挑战，推动构建人类命运共同体。要全面提升国家安全能力，更加注重协同高效，更加注重法治思维，更加注重科技赋能，更加注重基层基础。要坚持以政治建设为统领，打造坚强的国家安全干部队伍。要加强国家安全意识教育，自觉推进发展和安全深度融合。

（摘自 2021 年 11 月 19 日《人民日报》）

◎ 2023 年 5 月 26 日，在"探索一号"科考船上拍摄的"深海勇士"号载人潜水器，该潜水器用于水下考古数据采集。（新华社发）

 **知识链接**

## 新型领域安全

新型领域安全包括太空、深海、极地、生物等发展探索、保护利用等，是未来国际竞争的新焦点。面临技术挑战、参与国际规则制定等问题。维护新型领域安全必须推进顶层设计、加快人才培养、深化国际合作等。

**相关报道**

## 药品安全巩固提升行动启动

近日，国家药监局部署全国药监系统启动实施药品安全巩固提升行动，全方位筑牢药品安全底线。

药品安全巩固提升行动为期一年半，国家药监局明确了药品安全巩固提升行动相关重点任务。围绕全面排查化解风险隐患，着力把风险隐患化解在萌芽状态，让监管跑在风险前面。围绕严惩重处违法违规行为，强化检查稽查联动，加大案件查办力度，切实让监管生威、让执法长牙。

加大力度打击　　　　　　　　新华社发　王鹏　作

2022 年以来，国家药监局组织全系统深入开展药品安全专项整治行动。2022 年，全系统共查处"两品一械"案件 15.36 万件，同比增长 17.65%，全国案件查办数量质量双提升，多地破获标志性大案要案，净化了药品市场秩序。

（摘自 2023 年 7 月 3 日《人民日报》）

## 新一轮找矿突破战略行动效果显著

矿产资源是经济社会发展的重要物质基础，矿产资源勘查开发事关国计民生和国家安全。截至 2022 年年底，全国已发现 173 种矿产；2022 年，我国近四成矿产储量均有上升……日前发布的《中国矿产资源报告（2023）》显示，我国推进实施新一轮找矿突破战略行动效果显著。

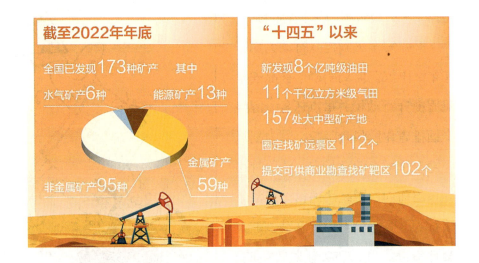

新一轮找矿突破战略行动进展如何？

一组数字揭示成果：截至 2022 年年底，全国已发现能源矿产 13 种，金属矿产 59 种，非金属矿产 95 种，水气矿产 6 种；"十四五"以来，新发现 8 个亿吨级油田、11 个千亿立方米级气田、157 处大中型矿产地，圈定找矿远景区 112 个，提交可供商业勘查找矿靶区 102 个。从目前情况看，新一轮找矿突破战略行动进展顺利，时间过半、任务过半，预期能够完成既定目标。

（摘自 2023 年 11 月 28 日《人民日报》）

 延伸阅读

## 中国特色国家安全道路的"五个坚持"

中国特色国家安全道路是中国特色社会主义道路在国家安全上的具体体现，包括 5 个重要特征，亦即"五个坚持"：

一是坚持党的绝对领导，完善集中统一、高效权威的国家安全工

作领导体制，实现政治安全、人民安全、国家利益至上相统一。党的领导是中国特色社会主义最本质的特征，是中国特色社会主义制度的最大优势，国家安全工作必须坚持党的绝对领导。政治安全是根本，人民安全是宗旨，国家利益至上是准则，坚持三者有机统一既是总体国家安全观的思想精髓、也是实现长治久安的关键所在。

二是坚持捍卫国家主权和领土完整，维护边疆、边境、周边安定有序。"边疆、边境、周边"即"三边"，"守土有责、寸土必争"，国土安全始终是我国国家安全的重中之重。

三是坚持安全发展，推动高质量发展和高水平安全动态平衡。党的十九届五中全会通过的《中共中央关于制定国民经济和社会发展第十四个五年规划和二〇三五年远景目标的建议》首次把统筹发展和安全纳入"十四五"时期我国经济社会发展的指导思想，并列专章作出战略部署，突出了国家安全在党和国家工作大局中的重要地位。

四是坚持总体战，统筹传统安全和非传统安全。面对传统与非传统安全风险交织共振，面对大国竞争日趋激烈与全球性挑战日益凸显，应贯彻总体国家安全观，着力运用"总体战"思维，统筹应对传

◎ 2024 年 3 月 2 日，在北京航天飞行控制中心拍摄的神舟十七号航天员汤洪波在空间站组合体舱外作业。（新华社发）

统和非传统安全挑战，确保应对传统安全挑战更加主动、应对非传统安全挑战与时俱进。

五是坚持走和平发展道路，促进自身安全和共同安全相协调。中国特色国家安全道路的对外呈现即和平发展道路，中国坚持统筹自身安全和共同安全，反对"国强必霸"，致力于兼济天下。

（摘自 2022 年 4 月 26 日《人民日报》）

# 国家安全能力体系

## 国家安全能力

国家安全能力建设具有基础性、根本性、长期性的意义。要着眼维护和塑造国家安全的战略需要，更加注重协同高效，更加注重法治思维，更加注重科技赋能，更加注重基层基础，加强重点领域安全能力建设，全面提升国家安全能力。

📰 新闻报道

### 中共十九届五中全会在京举行
### 中央委员会总书记习近平作重要讲话

中国共产党第十九届中央委员会第五次全体会议，于 2020 年 10 月 26 日至 29 日在北京举行。

全会提出，统筹发展和安全，建设更高水平的平安中国。坚持总体国家安全观，实施国家安全战略，维护和塑造国家安全，统筹传统安全和非传统安全，把安全发展贯穿国家发展各领域和全过程，防范和化解影响我国现代化进程的各种风险，筑牢国家安全屏障。要加强国家安全体系和能力建设，确保国家经济安全，保障人民生命安全，维护社会稳定和安全。

*（摘自 2020 年 10 月 29 日新华社稿）*

◎ 2023 年 8 月 10 日，海南昌江核电站建设中的"玲龙一号"。"玲龙一号"是全球首个陆上商用模块化小堆，是中核集团继"华龙一号"后我国核电自主创新的又一重大成果。（新华社发）

### 答记者问

**问：** 党的十九大明确提出"创新是引领发展的第一动力"。保密科技工作在贯彻创新驱动发展战略方面，采取了哪些主要举措？

**答：** 一是推进核心关键保密技术研发。经过几年努力，保密技术防护、监测预警、专用信息设备等方面能力水平得到有力提升，大数据、云计算、移动互联等新技术的安全保密应用取得明显进展。

二是推动自主安全可控产业发展。目前，建立在安全可控基础上的涉密专用信息设备已形成集技术研发、配套生产、服务保障于一体的完整产业链，一些地区和部门启动建设应用示范基地，国产化产业生态体系逐步建立。

三是构建保密科技创新体系。近几年，国家保密局充分发挥中国保密协会的桥梁纽带作用，支持国家信息安全保密技术创新产业联盟建设，建立以企业为主体和研、产、学、用紧密结合的创新体系，打通创新链、产业链，推动保密产品技术与市场、企业与用户的深度融合，努力构建自主基础的保密技术产业生态。通过定期举办保密技术交流大会和产品博览会，有效促进保密科技交流、创新与产业发展。

## ▣▤ 相关报道

### 《中华人民共和国国民经济和社会发展
### 第十三个五年规划纲要》指出：

深入贯彻总体国家安全观，实施国家安全战略，不断提高国家安全能力，切实保障国家安全。

制定实施政治、国土、经济、社会、资源、网络等重点领域国家安全政策，明确中长期重点领域安全目标和政策措施，提高应对各种风险挑战的能力。加强国家安全科技和装备建设，建立健全国家安全监测预警体系，强化不同领域监测预警系统的高效整合，提升安全信息搜集分析和处理能力。建立外部风险冲击分类分等级预警制度。加强重大安全风险监测评估，制定国家安全重大风险事件应急处置预案。健全国家安全审查制度和机制。对重要领域、重大改革、重大工程、重大项目、重大政策等进行安全风险评估。建立重点领域维护国家安全工作协调机制，加强国家安全工作组织协调。

（摘自 2016 年 3 月 18 日《人民日报》）

◎ 2024 年 3 月 19 日，江西省宜春市上高县，江西赣能上高 2×1000MW 清洁煤电项目建设现场。该项目是"十四五"电力规划重大能源项目。（人民视觉）

## 《中华人民共和国国民经济和社会发展第十四个五年规划和 2035 年远景目标纲要》指出：

坚持政治安全、人民安全、国家利益至上有机统一，以人民安全为宗旨，以政治安全为根本，以经济安全为基础，以军事、科技、文化、社会安全为保障，不断增强国家安全能力。完善集中统一、高效权威的国家安全领导体制，健全国家安全法治体系、战略体系、政策体系、人才体系和运行机制，完善重要领域国家安全立法、制度、政策。巩固国家安全人民防线，加强国家安全宣传教育，增强全民国家安全意识，建立健全国家安全风险研判、防控协同、防范化解机制。健全国家安全审查和监管制度，加强国家安全执法。坚定维护国家政权安全、制度安全、意识形态安全，全面加强网络安全保障体系和能力建设，切实维护新型领域安全，严密防范和严厉打击敌对势力渗透、破坏、颠覆、分裂活动。

（摘自 2021 年 3 月 12 日新华社稿）

**党的二十大报告**指出：

增强维护国家安全能力。坚定维护国家政权安全、制度安全、意识形态安全，加强重点领域安全能力建设，确保粮食、能源资源、重要产业链供应链安全，加强海外安全保障能力建设，维护我国公民、法人在海外合法权益，维护海洋权益，坚定捍卫国家主权、安全、发展利益。提高防范化解重大风险能力，严密防范系统性安全风险，严厉打击敌对势力渗透、破坏、颠覆、分裂活动。全面加强国家安全教育，提高各级领导干部统筹发展和安全能力，增强全民国家安全意识和素养，筑牢国家安全人民防线。

（摘自 2022 年 10 月 26 日《人民日报》）

 **知识链接**

**《促进科技成果转化法》**第十二条规定：

对下列科技成果转化项目，国家通过政府采购、研究开发资助、发布产业技术指导目录、示范推广等方式予以支持：

（一）能够显著提高产业技术水平、经济效益或者能够形成促进社会经济健康发展的新产业的；

（二）能够显著提高国家安全能力和公共安全水平的；

（三）能够合理开发和利用资源、节约能源、降低消耗以及防治环境污染、保护生态、提高应对气候变化和防灾减灾能力的；

（四）能够改善民生和提高公共健康水平的；

（五）能够促进现代农业或者农村经济发展的；

（六）能够加快民族地区、边远地区、贫困地区社会经济发展的。

（摘自 2015 年 8 月 29 日新华社稿）

◎ 2024 年 3 月 21 日，中国铁路呼和浩特局呼和工务机械段机械设备正在对唐包铁路线进行检修、养护，确保能源运输安全可靠。（人民图片）

 **延伸阅读**

## 为维护和塑造国家安全提供强大科技支撑

党的十八大以来，以习近平同志为核心的党中央把科技创新摆在国家发展全局的核心位置，我国科技事业实现了历史性、整体性、格局性重大变化。实现"两个一百年"奋斗目标，建设世界科技强国，必须统筹发展与安全，坚定不移实施创新驱动发展战略，加快提升创新能力和科技实力，全面增强科技维护和塑造国家总体安全的能力。

聚焦重大需求突破关键核心技术，牢牢把握发展和安全的主动权。发展是国家安全的基础，科技创新要落实新发展理念，从统筹推进"五位一体"总体布局的高度，加强重大科研攻关任务部署，保障关系国计民生的重要行业和关键领域安全。围绕高质量发展建立现代化经济体系，统筹部署创新链产业链，补短板、建优势、强能力，着力构建市场经济条件下关键核心技术攻关新型举国体制，加快解决关键核心技术受制于人问题。

（摘自 2020 年 4 月 15 日《人民日报》）

**国家安全体系和能力现代化扎实推进**

📷 视频新闻

**坚持总体国家安全观　走中国特色国家安全道路**

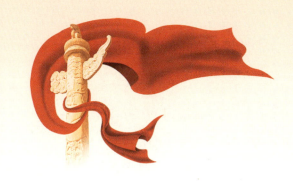

# ★ 教育篇 ★

　　国家安全一切为了人民，一切依靠人民。不断提升人民群众的国家安全意识，是国家安全的固本之策和长久之计。十年来，国家安全宣传教育深入开展，充分发挥广大人民群众的积极性、主动性、创造性，始终把人民作为国家安全的基础性力量，切实增强全民国家安全意识，持续推动汇聚维护国家安全的强大力量。

# 国家安全教育引领

📖 新闻报道

习近平在首个全民国家安全教育日

之际作出重要指示强调

**汇聚起维护国家安全强大力量**

**不断提高人民群众安全感幸福感**

在 4 月 15 日首个全民国家安全教育日到来之际，中共中央总书记、国家主席、中央军委主席、中央国安委主席习近平作出重要指示。他强调，国泰民安是人民群众最基本、最普遍的愿望。实现中华民族伟大复兴的中国梦，保证人民安居乐业，国家安全是头等大事。要以设立全民国家安全教育日为契机，以总体国家安全观为指导，全面实施国家安全法，深入开展国家安全宣传教育，切实增强全民国家安全意识。要坚持国家安全一切为了人民、一切依靠人民，动员全党全社会共同努力，汇聚起维护国家安全的强大力量，夯实国家安全的社会基础，防范化解各类安全风险，不断提高人民群众的安全感、幸福感。

2014 年 4 月 15 日，中央国家安全委员会第一次全体会议召开，在这次会议上，习近平提出了总体国家安全观重大战略思想，为新形势下维护国家安全工作确立了重要遵循。2015 年 7 月 1 日，第十二届全国人大常委会第十五次会议通过《中华人民共和国国家安全法》，将每年 4 月 15 日确定为全民国家安全教育日。

（摘自 2016 年 4 月 15 日《人民日报》）

## 习近平在山东考察时强调
## 切实把新发展理念落到实处
## 不断增强经济社会发展创新力

中共中央总书记、国家主席、中央军委主席习近平近日在山东考察时强调，切实把新发展理念落到实处，不断取得高质量发展新成就，不断增强经济社会发展创新力，更好满足人民日益增长的美好生活需要。

6 月 12 日下午，习近平来到胶东（威海）党性教育基地刘公岛教学区。习近平登上东泓炮台遗址，了解北洋海军威海卫基地防务情况和威海卫保卫战、刘公岛保卫战历史。随后，习近平来到甲午战争博物馆陈列馆，参观甲午战争史实展。习近平听取了威海市依托红色资源打造党性教育基地情况介绍。正在刘公岛教学区培训的学员代表和博物馆工作人员代表，以热烈掌声欢迎总书记的到来。习近平语重心长地说，我一直想来这里看一看，受受教育。要警钟长鸣，铭记历史教训，13 亿多中国人要发愤图强，把我们的国家建设得更好更强大。

（摘自 2018 年 6 月 15 日《光明日报》）

**延伸阅读**

## 《习近平关于总体国家安全观论述摘编》出版发行

中共中央党史和文献研究院编辑的《习近平关于总体国家安全观论述摘编》一书，近日由中央文献出版社出版，在全国发行。

坚持总体国家安全观，是习近平新时代中国特色社会主义思想的重要内容。习近平同志围绕总体国家安全观发表的一系列重要论述，立意高远，内涵丰富，思想深邃，把我们党对国家安全的认识提升到了新的高度和境界，是指导新时代国家安全工作的强大思想武器。

◎《习近平关于总体国家安全观论述摘编》。

《论述摘编》共分 4 个专题：坚持总体国家安全观；维护重点领域国家安全；实现共同、综合、合作、可持续安全；走和平发展道路。书中收入 450 段论述，摘自习近平同志 2012 年 11 月 15 日至 2018 年 3 月 20 日期间公开发表的讲话、报告、谈话、指示、批示、贺信等 180 多篇重要文献。

（摘自 2018 年 4 月 16 日《人民日报》）

# 全民国家安全教育日

## 设立全民国家安全教育日

十二届全国人大常委会第十五次会议 1 日表决通过新的国家安全

◎ 图为 2016—2023 年，围绕全民国家安全教育日，《人民日报》刊发的社论等评论文章。

法。国家主席习近平签署第 29 号主席令予以公布。

为提升全社会的国家安全意识，新国家安全法将每年 4 月 15 日定为全民国家安全教育日，通过多种形式开展国家安全宣传教育活动。

（摘自 2015 年 7 月 2 日《人民日报》）

 **知识链接**

### 全民国家安全教育日活动标识发布

2022 年 4 月 15 日是第七个全民国家安全教育日。日前，全民国家安全教育日活动标识对外发布。

标识由数字 415、红星和光芒组成。数字 4 的设计，形似宣誓的动作，表现出全国人民誓要维护

国家安全的决心，及"安全有我"的个人责任感。同时也有利于提高 415 的辨识度，便于传播。红星在数字上方闪耀，意指在党的领导下，国家安全得到全面加强，光明前景催人奋进。数字 415 和红星组成稳定的三角形，光芒闪耀，使整个标识呈优美的扇形。数字 415 意指 4 月 15 日全民国家安全教育日，简洁明了。文字"全民国家安全教育"位于标识下方，黑色字体稳重，托举扇形，意指全民国家安全教育坚如磐石。

（摘自 2022 年 4 月 15 日新华社稿）

## 《国家安全知识百问》出版发行

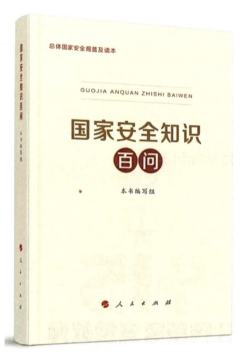

◎《国家安全知识百问》。

为推动学习贯彻总体国家安全观走向深入，引导广大公民增强维护国家安全的责任感与使命感，在第五个全民国家安全教育日到来之际，中央有关部门组织编写了总体国家安全观普及读本——《国家安全知识百问》。该书日前已由人民出版社出版，在全国新华书店发行。

本书分为全面领会总体国家安全观、维护重点领域国家安全、推动形成维护国家安全强大合力3个部分，共110个知识问答。全书坚持政治性、思想性和通俗性的统一，体现党中央最新精神，反映国家安全形势新变化，紧贴国家安全工作实际，内容力求简明扼要、务实管用。本书对于普及国家安全教育和提高公民"大安全"意识，具有较强的针对性和实用性。书中还配插了相关图片、图示和视频二维码，进一步提升了本书的可读性。

（摘自 2020 年 4 月 15 日《人民日报》）

首批 3 种重点领域国家安全普及读本出版

第二批 3 种重点领域国家安全普及读本出版

第三批 3 种重点领域国家安全普及读本出版

📷 **视频新闻**

《护航之道——总体国家安全观纵横》专题片

全民国家安全教育日　共同关注国家安全

# 国家安全教育"七进"

## 进 机 关

 新闻报道

### 凝聚起维护国家安全的共识和力量

2020 年 4 月 14 日下午，天津市委常委会开展"4·15 全民国家安全教育日"宣传教育集体学习活动。天津市委主要领导表示，要尽快补齐防控救治体系、应急响应机制、物资保障体系、法治保障、经费投入等方面存在的短板，在实践中提升监测预警、主动预防、应急处置协同等方面的能力。

（摘自 2020 年 4 月 16 日《人民日报》）

### 每个人都是国家安全的一道防线

"各组选手请听题""请现在开始抢答！"15 日上午，内蒙古呼和浩特市内蒙古国际会展中心，由内蒙古自治区党委国家安全委员会办

公室举办的"4·15"总体国家安全观知识竞赛正在紧张进行，来自全区党政机关的 15 支代表队、60 名选手参加比赛。

（摘自 2021 年 4 月 16 日《人民日报》）

## 江西举办"共筑新安全　保障新发展"论坛

在 2023 年 4 月 15 日第八个全民国家安全教育日当天，江西省委国安办联合南昌大学等单位在南昌举办"共筑新安全　保障新发展"

| 姓名 | 职务 | 篇名 | 版次 |
|---|---|---|---|
| 王东峰 | 时任中共河北省委书记 | 认真践行好总体国家安全观<br>坚决当好首都政治"护城河" | 《人民日报》2019 年 4 月 15 日<br>第 11 版 |
| 彭清华 | 时任中共四川省委书记 | 全面贯彻落实总体国家安全观<br>筑牢治蜀兴川事业发展的安全保障 | 《人民日报》2019 年 4 月 16 日<br>第 10 版 |
| 陈求发 | 时任中共辽宁省委书记 | 坚定不移贯彻落实总体国家安全观<br>全面履行维护国家安全的职责使命 | 《人民日报》2019 年 4 月 17 日<br>第 11 版 |
| 吴英杰 | 时任西藏自治区党委书记 | 坚决贯彻总体国家安全观<br>推进西藏长足发展和长治久安 | 《人民日报》2019 年 4 月 18 日<br>第 11 版 |
| 车俊 | 时任中共浙江省委书记 | 深入践行总体国家安全观<br>为高水平全面建成小康社会提供坚强保障 | 《人民日报》2020 年 4 月 15 日<br>第 11 版 |
| 张庆伟 | 时任中共黑龙江省委书记 | 扛起政治责任加快推动农业高质量发展<br>坚决当好维护国家粮食安全的"压舱石" | 《人民日报》2020 年 4 月 17 日<br>第 12 版 |
| 巴音朝鲁 | 时任中共吉林省委书记 | 坚定不移贯彻落实总体国家安全观<br>为维护国家安全大局贡献吉林力量 | 《人民日报》2020 年 4 月 20 日<br>第 12 版 |
| 王建军 | 时任中共青海省委书记 | 坚决扛起保护生态环境政治责任<br>为维护国家安全作出青海贡献 | 《人民日报》2020 年 4 月 21 日<br>第 11 版 |
| 尹力 | 时任中共福建省委书记 | 全面贯彻落实总体国家安全观<br>为全方位推进高质量发展超越筑牢安全屏障 | 《人民日报》2021 年 4 月 15 日<br>第 11 版 |
| 应勇 | 时任中共湖北省委书记 | 全面贯彻落实总体国家安全观<br>加快"建成支点、走在前列、谱写新篇" | 《人民日报》2021 年 4 月 19 日<br>第 11 版 |
| 沈晓明 | 时任中共海南省委书记 | 全面践行总体国家安全观<br>努力建设更高水平的平安自由贸易港 | 《人民日报》2021 年 4 月 20 日<br>第 10 版 |
| 阮成发 | 时任中共云南省委书记 | 深入践行总体国家安全观<br>筑牢祖国西南安全屏障 | 《人民日报》2021 年 4 月 22 日<br>第 11 版 |
| 刘宁 | 中共广西壮族自治区党委书记 | 深入贯彻落实总体国家安全观<br>在巩固发展民族团结社会稳定边疆安宁上彰显新担当 | 《人民日报》2022 年 4 月 15 日<br>第 11 版 |
| 吴政隆 | 中共江苏省委书记 | 全面深入贯彻总体国家安全观<br>筑牢扛起新使命谱写新篇章的安全屏障 | 《人民日报》2022 年 4 月 19 日<br>第 11 版 |
| 林武 | 时任中共山西省委书记 | 全面贯彻落实总体国家安全观<br>不断筑牢三晋全方位高质量发展安全屏障 | 《人民日报》2022 年 4 月 20 日<br>第 11 版 |
| 马兴瑞 | 中共新疆维吾尔自治区党委书记 | 深入贯彻落实总体国家安全观<br>为实现新疆社会稳定和长治久安提供坚强保障 | 《人民日报》2022 年 4 月 21 日<br>第 11 版 |
| 胡昌升 | 中共甘肃省委书记、<br>省人大常委会主任 | 在新征程上全面贯彻总体国家安全观<br>为甘肃现代化建设事业提供坚强保障 | 《人民日报》2023 年 4 月 14 日<br>第 10 版 |
| 林武 | 中共山东省委书记、<br>省人大常委会主任 | 全面落实党的二十大精神<br>在构建新安全格局中贡献山东力量 | 《人民日报》2023 年 4 月 17 日<br>第 10 版 |
| 倪岳峰 | 中共河北省委书记、<br>省人大常委会主任 | 深入贯彻总体国家安全观<br>打造更高水平的平安河北 | 《人民日报》2023 年 4 月 17 日<br>第 11 版 |
| 梁言顺 | 中共宁夏回族自治区党委书记、<br>自治区人大常委会主任 | 深入学习践行总体国家安全观<br>在坚决维护国家安全中彰显宁夏担当 | 《人民日报》2023 年 4 月 18 日<br>第 11 版 |
| 王蒙徽 | 中共湖北省委书记、<br>省人大常委会主任 | 坚定不移贯彻总体国家安全观<br>为建设全国构建新发展格局先行区筑牢安全屏障 | 《人民日报》2023 年 4 月 18 日<br>第 11 版 |

◎ 表为 2019 年以来，地方省委主要负责同志在《人民日报》发表的学习宣传总体国家安全观的相关文章目录。

论坛。论坛为期两天，设主论坛和 4 个分论坛，与会专家学者就数据安全、国家安全治理、国家安全学科建设等主题进行 20 多场专题报告会。

江西省委委员单位干部代表 400 多人在主会场参加论坛，江西省各市县党办系统干部职工 3000 多人在当地分会场收听收看。此外，江西省委国安办还组织开展"新时代　新国安"短视频大赛、省直单位国家安全主题党日、全省党委国安办系统大练兵等系列活动。

（摘自 2023 年 4 月 18 日《人民日报》）

# 进　学　校

 新闻报道

## 设立国家安全学一级学科

日前，教育部印发《关于加强大中小学国家安全教育的实施意见》（以下简称《意见》），要求设立国家安全学一级学科；依托普通高校和职业院校现有相关学科专业开展国家安全专业人才培养；教育部遴选一批有条件的高校建立国家安全教育研究专门机构，设立相关研究项目。

《意见》的重点工作包括：

构建完善国家安全教育内容体系。小学生应了解国家安全基本常识，增强爱国主义情感；中学生应掌握国家安全基础知识，增强国家

安全意识；大学生应接受国家安全系统化学习训练，增强维护国家安全的责任感和能力。

推进国家安全教育实践基地建设。统筹利用现有资源，鼓励支持各地遴选建设一批符合总体国家安全观要求的综合性教育实践基地、满足不同领域国家安全教育需求的专题性教育实践基地。

加强国家安全教育师资队伍建设，重点培育和选拔一批国家安全教育教学名师，打造一支以专业教师为骨干、专兼结合的国家安全教育师资队伍，在各级教师培训计划中增加国家安全教育教学培训内容。

（摘自 2018 年 4 月 14 日《人民日报》）

## 同上一堂国家安全教育课

2019 年 4 月 15 日，教育部开展了"千万学生同上一堂国家安全教育课"主题活动。形式丰富、参与广泛的各类主题活动，让参加活动的学生们获得了难忘的体验。

在北京市海淀区，学院路地区"校地警"联盟第三届安全文化节在北京科技大学举行。反恐大型装备车辆、排爆机器人、枪支器械、警犬互动吸引了周边各校师生前来参观。在消防活动现场，烟热逃生屋、灭火体验屋让学生对灾难有了切身的体验，对安全防范更加入心。

在江苏徐州，中国矿业大学的学子选择公交车作为宣讲国家安全教育的场所。志愿者将与市民同乘公交车，配合制作的主题展板进行演讲；在公交首末站，志愿者准备了"快板书"介绍总体国家安全观及相关法律法规；而在公交站台上，志愿者向候车市民免费赠送宣传书签并做交流宣讲。

（摘自 2019 年 4 月 16 日《光明日报》）

## 大中小学国家安全教育内容共覆盖 16 个领域

据了解，为落实中央关于加强大中小学国家安全教育有关要求和"将国家安全教育纳入国民教育体系"的法定要求，教育部组织研制了《大中小学国家安全教育指导纲要》（以下简称《指导纲要》）。

《指导纲要》明确国家安全教育主要内容。一是大中小学国家安全教育内容实现所有领域全覆盖，包括"12+4"共 16 个领域，即政治、国土、文化、科技、生态、资源、海外利益等 12 个领域安全，以及太空、深海、极地、生物等不断拓展的新型领域安全。二是围绕国家安全各重点领域的重要性、基本内涵、面临的威胁与挑战、维护的途径与方法等提出学习要求，既体现各领域内容特点，又体现学习要求的针对性。

（摘自 2020 年 8 月 24 日新华网）

## 全国高校开展形式多样的国家安全教育

按照教育部整体部署，2021 年的全国高校学生国家安全知识线上竞答活动聚焦"激昂青春·守护安全"，从总体国家安全观出发，覆盖包括国家安全法、网络安全法等多个主题的内容，用充满趣味性和互动体验性的学习方式让学生在"云端知识大比拼"中完成国家安全教育的入脑入心，争做"国家安全精英"。据介绍，仅 4 月 14 日一天，线上竞答访问量累计超过 130 万，线上发放近 12 万份全民国家安全教育日结业证书。

（摘自 2021 年 4 月 16 日《人民日报》）

### 相关报道

## "交叉学科"来了！这两个学科被设置为一级学科

近日，国务院学位委员会、教育部发布《关于设置"交叉学科"门类、"集成电路科学与工程"和"国家安全学"一级学科的通知》（以下简称《通知》）。《通知》指出，经专家论证，国务院学位委员会批准，决定设置"交叉学科"门类（门类代码为"14"）、"集成电路科学与工程"一级学科（学科代码为"1401"）和"国家安全学"一级学科（学科代码为"1402"）。

教育部印发的《关于加强大中小学国家安全教育的实施意见》明确提出，推动国家安全学学科建设，设立国家安全学一级学科。国务院学位委员会决定设立"国家安全学"一级学科，既是贯彻落实总体国家安全观、构筑国家安全人才基础、夯实国家安全能力建设的战略举措，也是立足国情、顺应发展的必然选择，将为全面加强国家安全学科学研究和人才培养奠定制度基础。

（摘自 2021 年 1 月 13 日新华网）

 **知识链接**

### 《教育部关于加强大中小学国家安全教育的实施意见》提出：

各地教育行政部门和学校要积极发挥课堂教学主渠道作用，改进教育教学方式方法，组织国家安全教育公开课，运用"两微一端"等新媒体手段，结合政治、德育、历史、语文等相关学科内容强化国家安全教育。

依托少先队、共青团、学生党支部、学生会、学生社团等组织，开展知识竞赛、演讲比赛、文艺表演、社会实践等形式多样的国家安全教育主题活动。

规范学生成人仪式宣誓词，增加维护国家安全方面内容。

充分利用全民国家安全教育日、《国家安全法》颁布实施等重要时间节点，组织面向大中小学生的系列特色教育活动，确保总体国家安全观入脑入心。

 **视频新闻**

### 小学生沉浸式体验国门安全教育

# 进 企 业

## 总体国家安全观更加可知可感可传

举办"新时代国家安全成就主题展"、推出国家安全宣传作品……福建各地推出"一地一品"特色宣传教育活动。莆田市组织开展的"国家安全教育进百企"主题宣传活动，吸引了许多参观者。

"活动现场图文并茂、形式生动鲜活，既有国家安全相关法律和知识宣讲，也有典型案例警示教育，让总体国家安全观更加可知可感可传。"莆田市三威鞋业有限公司行政经理在参观后表示，企业将统筹好线上线下资源，用好活动平台，通过普法讲座、学习研讨、知识问答等互动方式，让国家安全理念走近职工、入脑入心。

（摘自 2023 年 4 月 16 日《光明日报》）

## "魅力之光"核科普活动启动仪式举办

2023 年 4 月 15 日，全民国家安全教育日核安全领域北京主场暨第十一届"魅力之光"核科普活动启动仪式在京举办。活动发布核能行业首部国家安全教育主题宣传片《核力再出发、安全向未来》及《全面落实主体责任　共同维护核安全》倡议书，集中展现了我国核能行业在中国核安全观指引下取得的历史性成就，核安全水平始终位居世界前列的良好业绩，加深了公众对统筹核能安全与发展的理性认识和文化自信。

（摘自 2023 年 4 月 18 日《人民日报》）

# 进 乡 村

 新闻报道

## 形成维护国家安全的强大合力

2019 年 4 月 15 日一大早，新疆维吾尔自治区喀什地区 12 个县市、176 个乡（镇、街道）、2837 个村（社区、农林牧场）、各机关单位共计 450 余万干部群众参加以强化全民国家安全教育为主题的升国旗仪式，以进一步增强国家安全意识，凝聚国家安全社会共识，推动全社会形成维护国家安全的强大合力。

（摘自 2019 年 4 月 15 日新华社稿）

**全民国家安全教育日**　　　　　　　　　　*新华社发 朱慧卿 作*

## 增强全民国家安全意识和素养

广西检察机关以"山歌会"的形式将地方文化和国家安全教育有机结合。百色市那坡县平孟镇开展的文艺演出活动，将国家安全知识融入快板、情景短剧、山歌对唱等节目，教育引导群众自觉融入维护国家安全大局。

消防安全是保证国家安全的重要基础。浙江金华浦江县人民检察院联合县消防救援大队、公安机关等，召开了一场以农村消防安全为主题的活动。检察官们走村入户、以案说法，提醒广大群众、农村志愿消防队伍等绷紧安全之弦，增强火灾防控能力和突发事件应急处理能力，营造平安和谐稳定的社会环境。

*（摘自 2023 年 4 月 16 日《人民日报》）*

# 进 社 区

## 每个人都是国家安全的一道防线

国家安全人人有责、人人尽责。在海南，国家安全"科普大篷车"基层环岛行活动走进乡村、社区，通过悬挂标语、海报、展板，播放宣传片、电影，发放宣传资料，举行有奖知识问答等形式，让群众了解隐藏在身边的危害国家安全行为，进一步提高人民群众对国家安全的知晓率。

海口市民张鑫说:"国家安全与我们息息相关,公民是国家安全的积极促进者,我们要从身边小事做起,为国家安全贡献自己的力量。"

（摘自 2021 年 4 月 16 日《人民日报》）

◎ 2023 年 4 月 11 日,在江西省赣州市章贡区长征广场,市民正在观看国家安全教育日主题展览。(人民图片)

## 国家安全人人有责、人人尽责

2022 年 4 月 1 日以来,司法部、全国普法办在"中国普法"微信公众号开展为期 30 天的"全民国家安全教育日有奖竞答"活动。单位和个人若发现传染病、动植物疫病,应当及时向什么部门报告?网络产品、服务具有收集用户信息功能的,其提供者应当怎样确保用户信息安全?……一系列贴合生活场景的内容,向群众深入浅出地普及了身边的国家安全领域法律常识。

在拉萨,宇拓路是当地最繁华的商业步行街之一。4 月 15 日,宇拓路南面有 32 家拉萨市直属单位、北面有 33 家西藏自治区直属单位拉起横幅、搭起展台，为市民、游客宣讲国家安全知识。今年已是宇拓路上的第七次全民国家安全教育宣讲活动，和 2016 年的首届相比，来参观的群众越来越多，也更积极。

（摘自 2022 年 4 月 15 日新华社稿）

## 香港各界掀起全民国家安全教育热潮

2023 年 4 月 15 日是香港国安法实施后迎来的第三个全民国家安全教育日，香港特区以"国家安全　稳定繁荣基石"为主题，举办了形式多样、丰富多彩的一系列活动。

15 日，行走在香港大街小巷，可以感受到国家安全教育的浓厚氛围。在香港特区政府总部、入境事务处、康乐及文化事务署总部

◎ 2023 年 4 月 12 日在香港街头拍摄的"全民国家安全教育日"主题宣传海报。（新华社发）

以及部分警署，在港铁中环站、金钟站、北角站转车通道以及尖沙咀天星码头等人流密集处所，主题宣传海报随处可见。在香港街头，车身上印有"国家安全 稳定繁荣基石"等字样的巴士、的士不时驶过。

（摘自 2023 年 4 月 15 日新华社稿）

# 进 军 营

## 新闻报道

### 锤炼过硬本领　捍卫国家安全

2022 年 4 月 15 日是第七个全民国家安全教育日。连日来，解放军和武警部队围绕国家安全教育主题，广泛开展国家安全教育活动。

"以更强大的能力、更可靠的手段，维护国家主权、安全和发展利益，是我们义不容辞的责任！"4 月 13 日，一堂名为"树牢总体国家安全观，奋力扛起强军兴军使命"的国家安全教育课在陆军第 71 集团军王杰生前所在部队开讲。课堂上，授课人深入浅出的讲解赢得官兵们的阵阵掌声。该部还组织官兵通过观看主题图片展等活动重温革命先烈奋斗历程，提升教育成效。

（摘自 2022 年 4 月 15 日《人民日报》）

全军各部队组织开展丰富多样活动
树牢国家安全观

# 进 网 络

 新闻报道

## 让国家安全意识深入人心

江西省委国安办为"喜迎建党百年　共筑国家安全"线上国家安全宣传教育活动制作了精美的H5产品，从4月13日18：00正式上线，16个小时内就有67万余名用户访问了活动页面。

4月15日，山东省举办首届全民国家安全宣传教育创意大赛，征集"标语口号""创意设计""公益视频"三类创新创意作品。"截至目前，我们通过网络征集创新创意作品1.2万余件，社会各界参与氛围浓厚。"山东省委国安办相关负责人说。

（摘自2021年4月18日《人民日报》）

## "云课堂"线上全民普法

"国家安全与我们息息相关。维护国家安全,人人有责,更须尽责……"面对直播镜头,律师徐卉将国家安全法诞生的背景、总体国家安全观的内涵等法律知识娓娓道来。

徐卉是江西南昌市律协法律顾问专业委员会副秘书长,今年她被邀请作为主播,以线上直播的方式普及与国家安全相关的法律知识。

江苏南京市浦口区司法局公职律师周玉娟也根据国家安全相关法律法规的特点和内容,通过"云课堂"和以案说法的形式,为大家讲解维护国家安全"八个不可为",让典型案例成为全民国家安全教育公开课。

(摘自 2022 年 4 月 15 日新华社稿)

◎"云课堂"。(新华社发)

# 后 记

　　党的十八大以来全面加强国家安全取得的标志性成果，就是形成和贯彻了总体国家安全观。总体国家安全观是内涵丰富、博大精深的思想理论体系，十年来主流媒体关于总体国家安全观的报道数量巨大。我们择其要者，按照总论篇、领域篇、体系篇、教育篇归类编写整理，以期对总体国家安全观十周年理论与实践的发展脉络、这一重大战略思想的真理力量和实践伟力等概览呈现。由于体例、篇幅等因素所限，难以面面俱到。有些内容，如国际安全，仅以视频索引和文字链接的方式供读者参阅，未在目录单独列出。

　　本书由人民日报《新安全》杂志社具体负责编写。本书编写组组长为谭介辉，副组长为李林宝（统筹）、苏超（编撰），成员有柳天星、曹香凤、杜威、郭静、林霄等。参与本书资料搜集、编写整理和编务工作的同志主要有：柳青、狐若辰、董常芳、隗胜楠、王子侯、何欣、曹睿琦、贺杨等。在编写出版过程中，有关领导给予了诸多指导，申世飞、于铁军、黄大慧、汪明、李丽华、唐永胜、傅小强等专家提出了宝贵意见，人民出版社等单位给予了大力支持，在此一并致谢！

书中如有疏漏和不足之处，敬请广大读者批评指正。

编　者

2024 年 4 月

策划编辑：任　法

装帧设计：石笑梦

**图书在版编目（CIP）数据**

总体国家安全观十周年：媒体呈现与传播概览 /《总体国家安全观十周年》
　编写组 编著 . — 北京：人民出版社，2024.4

ISBN 978 - 7 - 01 - 026507 - 0

I. ①总…　 II. ①总…　 III. ①国家安全 - 安全教育 - 中国　 IV. ① D631

中国国家版本馆 CIP 数据核字（2024）第 077420 号

**总体国家安全观十周年**

ZONGTI GUOJIA ANQUANGUAN SHIZHOUNIAN

——媒体呈现与传播概览

《总体国家安全观十周年》编写组　编著

**人民出版社** 出版发行

（100706　北京市东城区隆福寺街 99 号）

北京中科印刷有限公司印刷　新华书店经销

2024 年 4 月第 1 版　2024 年 4 月北京第 1 次印刷

开本：710 毫米 ×1000 毫米 1/16　印张：15.5

字数：180 千字

ISBN 978 - 7 - 01 - 026507 - 0　定价：59.00 元

邮购地址 100706　北京市东城区隆福寺街 99 号

人民东方图书销售中心　电话（010）65250042　65289539